HISTOIRE
DE
PIERRE GIBERNE.

OUVRAGES DU MÊME AUTEUR :

LE BON GÉNIE, journal des enfans, formant une demi-feuille in-4°. à deux colonnes, paraît tous les dimanches, et est accompagné d'une lithographie le dernier dimanche de chaque mois.

Prix de l'abonnement pour Paris, 22 fr. par an, et 12 fr. pour six mois.

Pour les départemens, 24 fr. par an, et 13 fr. pour six mois.

SIMON DE NANTUA, ou le Marchand forain ; ouvrage qui a remporté le prix fondé en faveur du meilleur livre destiné à servir de lecture aux habitans des villes et des campagnes ; 3e. édition. Prix : 2 fr. 25 c.

ANTOINE ET MAURICE ; ouvrage qui a obtenu le prix proposé par la Société royale pour l'amélioration des prisons, en faveur du meilleur livre destiné à être donné en lecture aux prisonniers. Prix : 2 fr. 50 c.

LES PETITS LIVRES DU PÈRE LAMI, divisés comme il suit :

1er. livre. Premières connaissances. . . . . 50 c.
2e. ———- Historiettes morales. . . . . 50 c.
3e. ———- Élémens de géographie. . . . . 60 c.
4e. ———- Histoire de la création et des premiers âges du monde. 50
5e. ———- Abrégé de l'histoire de France. . . . . 60 c.
6e. ———- Arts et métiers. . . . . 50 c.

LE VILLAGE DE VALDORÉ, ou Sagesse et prospérité ; imité de l'allemand. . . . . 1 fr. 50 c.

HISTOIRE
DE
PIERRE GIBERNE,

ANCIEN SERGENT DE GRENADIERS FRANÇAIS,

OU

QUINZE JOURNÉES AUX INVALIDES,

Publiée

Pour l'instruction et l'amusement des soldats de l'armée Française,

PAR

L. P. de Jussieu.

Le guerrier le plus sage est toujours le plus fort.
(Poëme de *Fontenoy*.)

PARIS,
CHEZ LOUIS COLAS, LIBRAIRE,
RUE DAUPHINE, N°. 32.

1825.

HISTOIRE
DE
PIERRE GIBERNE.

PREMIÈRE JOURNÉE.

Introduction.

Pendant une belle soirée du mois de septembre 1820, plusieurs vieux guerriers s'étaient réunis sur un banc demi-circulaire, dans un bosquet du beau jardin de l'hôtel royal des Invalides. Ces braves, liés entre eux par d'honorables souvenirs et par une conformité respectable d'âge et de sentimens, formaient une société d'amis qui se rassemblaient chaque jour dans le même lieu, après le dîner de leur division. Là, ils aimaient à se redire les détails déjà maintes fois répétés de leurs vieux faits d'armes, à compter les batailles où ils s'étaient trouvés, et les blessures qu'ils y avaient reçues. Ces récits, quoiqu'ils ne fussent plus nouveaux depuis long-temps, les intéressaient encore. C'est la richesse et la consolation d'un invalide que ses souvenirs. Nos braves amis étalaient quelquefois cette richesse avec un peu de luxe; mais cela n'empêchait pas que chacun n'écoutât avec complaisance, afin d'être entendu de même à son tour. Tout en prêtant l'oreille à celui qui avait la parole, les autres s'occupaient diversement en silence : l'un remplissait sa pipe; l'autre promenait à la ronde une large tabatière de carton, sur laquelle figuraient les portraits de la famille royale; celui-ci rajustait sa jambe de bois; celui-là cherchait à recevoir les derniers rayons du soleil couchant sur une épaule chargée de rhumatismes; tous enfin s'arrêtaient immobiles et attentifs, quand l'orateur, passant ses doigts sur sa lèvre supérieure, comme s'il eût encore eu sa moustache à relever, arrivait à l'action d'éclat où il avait cueilli son plus beau laurier, ou bien à quelque acte de générosité ou de modération qui lui faisait peut-être plus d'honneur encore. Avant de se séparer, on jetait un regard sur ces canons pacifiques qui ne tonnent sur l'esplanade qu'en signe d'allégresse; puis on allait se coucher, content de dormir encore dans les formes militaires, et reconnaissant envers la patrie, qui offre à ses vieux défenseurs un asile, où ils jouissent d'un doux repos, sans renoncer à leurs anciennes et glorieuses habitudes.

Un jour donc que nos braves étaient réunis, selon leur coutume, sur le banc qu'ils avaient adopté, ils virent s'arrêter devant eux un invalide qu'ils ne connaissaient point encore. Il ne lui restait que le bras gauche, sur lequel il portait les marques du grade de sergent; la croix d'honneur brillait sur sa poitrine. Une longue cicatrice traversait son front dans toute sa largeur, et donnait à son visage un caractère respectable, qui n'altérait point l'air de franchise et de bonne humeur dont ses traits étaient animés. Ce nouveau-venu les salua, et son arrivée interrompit la conversation. Comme anciens habitans de la maison, ils crurent devoir l'accueillir avec politesse : c'était un moyen en même temps de satisfaire leur curiosité et d'opérer une petite diversion dans les mœurs journalières. « Serviteur, mon sergent. — Bonjour, mes camarades. — Il ne nous semble pas que nous vous ayons encore vu. Vous êtes apparemment reçu depuis peu aux Invalides? — J'y suis entré ce matin. — Nous nous en félicitons. — Et moi, je m'en honore. — Vous vous promenez seul, mon sergent; vous n'avez donc retrouvé ici aucune ancienne connaissance? — Pas encore; mais cela ne peut pas tarder beaucoup; car, Dieu merci, tous mes vieux camarades ne sont pas morts, et je dois en rencontrer parmi vous. — En attendant, mon sergent, vous nous feriez honneur par votre société, si cela ne vous était pas désagréable. — Au contraire, mes amis, et cette proposition est on ne peut plus flatteuse pour votre serviteur Pierre Giberne. »

Pierre Giberne! A peine avait-il prononcé ce nom, que chacun le répète, fait un pas en arrière, ôte son chapeau et contemple d'un air respectueux le sergent étonné. L'invalide à la jambe de bois, qui était resté assis sur le banc, s'élance, oublie qu'il n'a plus ses deux jambes, fait trois ou quatre sauts, accroche une racine d'arbre et serait tombé tout de son long, si Pierre Giberne ne l'eût retenu dans son bras gauche.

« Pierre Giberne ! mon sergent ! mon brave sergent ! » Il ne pouvait articuler d'autres paroles. « Est-il possible ? s'écrie en même temps Pierre Giberne, qui l'a aussitôt reconnu ; est-il possible ? mon plus ancien ami ! mon vieux compagnon d'armes ! mon pauvre Eustache, que j'ai vu renverser et que j'avais cru mort ! Que je suis heureux de te retrouver ! » Et voilà nos deux invalides s'embrassant de manière à faire croire qu'on ne pourra plus les arracher des bras l'un de l'autre ; et voilà les spectateurs émus, clignant des yeux de toute leur force pour retenir une larme qui veut absolument s'échapper. C'est un beau moment que celui où l'on retrouve un ami qu'on a vu tomber à côté de soi sur le champ de bataille, et qu'on a cru perdu pour toujours.

Lorsque l'émotion et la joie de ce premier moment furent un peu calmées, Pierre Giberne reprit : « Mon pauvre Eustache, c'est donc bien vrai que te voilà, et que tu n'es pas mort! — Vous m'avez vu... — Comment dis-tu? interrompt Pierre Giberne; pourquoi ne me tutoies-tu pas? — Mon sergent... — Ton sergent! ah! c'est à cause de cela; et ton ami? Est-ce que je n'étais pas ton ami avant d'être ton sergent? Allons, allons, pas d'enfantillage, nous sommes trop vieux pour cela. — Eh bien donc, mon ami, tu m'as vu blesser, mais j'en suis revenu, puisque j'ai encore eu depuis, l'honneur de perdre la jambe qui me manque. — C'est bien, c'est très-bien. Vive le Roi et la France! Nous voilà réunis dans la retraite des braves; nous y passerons notre vieillesse ensemble; il ne me manque plus rien pour être heureux. Je mourrai content ici, car mourir aux Invalides, entouré de ses anciens compagnons d'armes, c'est encore mourir au champ d'honneur. Mais dis-moi, je te prie, comment se fait-il que ces braves aient eu l'air de me connaître, lorsque je me suis nommé? — Comment? ce sont mes amis; nous sommes quelques inséparables qui nous réunissons ici tous les jours, et nous nous sommes vingt fois raconté nos anciennes aventures. Pouvais-je conter mon histoire sans te nommer souvent? — Oui, oui, dit un invalide, nous vous connaissons, mon sergent; et chacun de nous est accoutumé à ne prononcer qu'avec respect le nom de Pierre Giberne. — C'est trop d'honneur pour moi, messieurs; je n'ai aucun titre à ce sentiment de votre part; promettez moi de prononcer à l'avenir mon nom seulement avec affection. — Ecoute, dit Eustache, veux-tu leur faire à tous, et à moi aussi, un grand plaisir? — Dis-moi bien vite ce qu'il faut faire. — Nous raconter toi-même l'histoire de ta vie, dont je n'ai pu leur faire connaître que quelques traits. — Mon sergent, nous vous en prions, s'écria toute la société. — Très-volontiers, mes amis; vous savez bien qu'un vieux soldat ne se fait pas beaucoup prier pour conter. Cependant, avec votre permission, nous remettrons la partie à demain; car aujourd'hui, je ne puis m'occuper que de la joie d'avoir retrouvé ce bon camarade. Je ne me croyais pas destiné à éprouver encore un si grand plaisir dans ce monde. »

Les deux amis, se tenant par la main, ne songèrent plus qu'au bonheur de se revoir, et oublièrent leurs camarades, qui étaient loin de s'en formaliser. Les souvenirs leur arrivaient en foule. « Te rappelles-tu ceci? Te souviens-tu de ce jour? Nous étions ensemble ici; là je me battais à côté de toi. Dans cet endroit, nous sauvâmes tous deux la vie à un brave officier; dans cet autre, nous parvînmes à empêcher nos compagnons de piller la maison de ce bon Allemand, et d'insulter sa famille. Je ne pense pas encore sans émotion à sa reconnaissance. » Vous devinez, mes chers lecteurs, que de choses on a à se dire et à se rappeler, quand on se retrouve de cette manière. Je n'ai pas besoin d'étendre ce tableau. Il me suffit de vous avoir introduits dans notre société d'invalides, pour que vous puissiez entendre le récit que Pierre Giberne doit commencer demain. Laissons-les donc pour aujourd'hui, jusqu'au moment où l'on bat la retraite, et où chacun se retire en disant à ses amis : « Bonne nuit ; à demain. »

DEUXIÈME JOURNÉE.

Installation aux Invalides. — Jeunesse de Pierre Giberne ; Fontenoy ; La milice ; Dévouement fraternel.

La nuit fut bonne en effet, car on dort bien lorsque la conscience est en repos et le cœur content. Pierre Giberne et Eustache étaient le lendemain réunis de bonne heure, et ne se quittèrent presque pas de la journée. On alla dès le matin respirer le bon air et fumer ensemble une pipe, dont le tabac parut cent fois meilleur que celui avec lequel le grand Turc se régale. Je crois que le verre de cassis fut vidé en l'honneur de l'heureuse réunion ; et il n'y avait assurément rien de plus juste. Pierre Giberne commença ensuite à s'installer et à prendre ses petites habitudes dans sa nouvelle retraite. Cela n'était pas bien difficile, car on s'accoutume aisément au bien-être. Il se trouvait douzième dans une chambre claire, saine et commode. Une tablette au-dessus de son lit, une armoire au pied; un bon coucher, des draps propres; un habit d'uniforme neuf, qui sera renouvelé dans deux ans; un pantalon qui le sera au bout de l'année; le linge, la chaussure nécessaires; enfin tout ce qui compose le trousseau et l'entretien d'un invalide. « Peste, disait-il à chaque instant, voici qui est fort commode, fort agréable. Je n'ai jamais trouvé le bivouac trop rude; mais je conviens qu'à mon âge, et avec mes rhumatismes, il est plus doux de dormir dans un bon lit. J'ai souvent fait bien des lieues pour me procurer un repas qui n'était pas toujours des plus succulens; mais à présent que je n'ai plus la même force et que j'ai encore bon appétit, je serai charmé de trouver mon dîner prêt tous les jours. Gloire à jamais au grand roi qui a fondé cet asile des vieux soldats! Il faudra, mon cher Eustache, que nous visitions et examinions cette maison dans tous ses détails, car tout ce que je vois augmente à chaque instant mon admiration et ma reconnaissance. — Soit dit, répond Eustache ; je la connais bien et je te conduirai partout. J'en serai fort aise pour mon compte, car il y a beaucoup de choses que tu pourras m'expliquer, toi qui as fait tes études. A propos de cela, tu auras de quoi exercer ta science ; il y a ici une grande bibliothèque au service de ceux qui ont, comme toi, le goût de la lecture. — Oh ! oh ! tu ne sais pas quel plaisir tu me fais en m'apprenant cela. En vérité, il me prend envie de croire que j'ai été tué par un boulet de canon, et que je suis arrivé tout droit en paradis. — Ne te trompe pas, mon ami, le voyage est encore à faire. — Nous le ferons quand il plaira à Dieu ; en attendant je lui rends grâce pour le présent. — Entends-tu l'horloge ? C'est l'heure du dîner. — Allons. »

Pierre Giberne se rend au réfectoire où dîne sa division. Ce réfectoire est une vaste galerie décorée de tableaux représentant les victoires remportées sous Louis XIV, et garnie de tables de douze couverts. Le repas est simple, mais sain et substantiel. On dîne très-bien aux Invalides; et Pierre Giberne s'en acquitta comme un homme exempt de soucis.

Aussitôt après le dîner, il rejoignit ses vieux amis, qui l'attendaient assis sur leur banc. On lui fit place dans le milieu; Eustache s'assit à côté de lui; on fit un grand silence, et Pierre Giberne, après s'être mouché de sa main gauche et avoir pris une forte prise de tabac, commença son récit dans les termes suivans :

« Ne me sachez pas trop de gré, mes chers camarades, de consentir si facilement à vous raconter mon histoire, car j'y ai toujours beaucoup de plaisir, et même je vous dirai que, si je n'avais pas eu l'honneur de perdre mon bras droit, je me serais amusé à écrire cette histoire. J'ai lu qu'un grand général romain, nommé César, avait écrit la sienne pour servir de leçon aux autres généraux. Or, je ne vois pas pourquoi je n'aurais pas aussi écrit celle de Pierre Giberne, pour servir au moins d'avertissement aux soldats mes camarades; car s'il y a du mérite à bien commander, il y en a aussi à savoir bien obéir. Chacun a ses vertus ici-bas, et si nous avons celles de notre état et de notre condition, nous sommes dignes de l'estime de tout le monde. Il n'y a de petit et de misérable que celui qui ne remplit pas ses devoirs ou qui les ignore. Ce qui convient à l'un ne convient pas à l'autre; mais que chacun sache ce qui lui convient et le fasse, et tout ira bien. Il ne suffit pas, pour être bon soldat, de savoir bien se battre; ce mérite est si commun en France, qu'il serait fâcheux de n'en avoir pas d'autre. C'est par une bonne et sage conduite qu'il faut qu'un soldat se distingue. J'ai eu de tout temps la manie d'observer; même pendant la bataille, tout en tirant devant moi, je regardais autour pour voir ce qui s'y passait, et je puis dire que je n'ai jamais eu à rougir de mon voisin. Mais, comme en tout temps j'ai conservé mon franc-parler vis-à-vis de mes égaux, il m'est souvent arrivé de moraliser des camarades qui ne se comportaient pas comme il aurait convenu, en pays conquis ou dans les garnisons de nos villes. Je cherchais à faire mon profit de ce que je voyais, et à tirer parti de la conduite des autres pour régulariser la mienne. Plus d'une fois je me serais ennuyé en garnison, si je n'avais eu la fantaisie de m'instruire; mais avec cela on ne s'ennuie jamais, et je m'en suis bien trouvé sous tous les rapports. Je suis de bonne humeur avec les bons enfans; mais je ne vaux pas le diable avec les méchans. Voilà mon portrait en deux mots. Or, maintenant, puisque je n'ai ni main droite, ni secrétaire pour écrire mon histoire, je vais m'en dédommager en vous la racontant; et je commence sans préambule.

« Mon père était un ancien militaire, qui, après s'être retiré jeune encore du service, avec d'honorables blessures, s'était fait cultivateur, et était devenu fermier d'une petite ferme en basse Normandie. Se voyant alors bien établi, il avait pris femme, à l'âge de quarante ans environ. Il eut deux fils, dont j'étais le second. Ma mère mourut en mettant au monde un troisième enfant qui ne lui survécut pas. J'étais bien jeune, et j'ai pourtant conservé le souvenir de ma mère. Il a été souvent pour moi une source de regrets. Je n'ai jamais pu voir une mère embrasser son fils, sans me rappeler avec amertume que le ciel m'avait refusé une si douce et si précieuse affection. Nous fûmes élevés dans la ferme, mon frère et moi. La tendresse de notre respectable père suppléa, autant que possible, aux soins maternels qui nous étaient enlevés. Lorsque nous fûmes en âge d'étudier, nous allâmes à l'école, parce que mon père regardait l'instruction comme la plus sûre de toutes les richesses. Nous avions assez de facilité pour apprendre. Le maître de l'école, qui n'était pas aussi ignorant que certains de ses confrères, nous prit en amitié et voulut nous enseigner plusieurs choses qu'il n'enseignait pas à ses autres écoliers. J'appris avec lui la grammaire, la géographie, l'histoire ancienne et l'histoire de France. Nous étions instruits dans notre religion avec beaucoup de soin. Quoique, depuis, je me sois bien relâché quelquefois, pendant ma jeunesse, de la sévérité de ses principes, il en restait toujours là quelque chose, que j'ai été souvent heureux de retrouver, dans les momens d'adversité : je ne me suis non plus jamais vu en face du danger sans penser à Dieu ; et maintenant que je suis vieux, je me dis qu'il faut y penser beaucoup, car la vieillesse est un danger bien plus inévitable que le mousquet.

» Mon père aimait à voir les progrès que nous faisions, et se réjouissait des bons sentimens que notre éducation développait en nous. Bientôt nous commençâmes à l'aider dans ses travaux. Le soir, lorsque l'heure du repos était arrivée, il nous faisait asseoir à ses côtés, sous un grand pommier, planté à la porte de notre petite maison, et il causait paternellement avec nous. Nous lui répétions ce que nous avions appris de l'histoire ancienne et de celle de notre pays. Il y ajoutait de sages réflexions, et ensuite, pour nous récompenser, il racontait des histoires de ses campagnes, que nous avions un plaisir extrême à écouter. La dernière bataille à laquelle il avait assisté, et où il avait été blessé grièvement, était la fameuse bataille de Fontenoy. « Le Roi, nous disait-il,

» y était en personne, avec monseigneur le
» Dauphin. Le maréchal de Saxe comman-
» dait. Déjà les Anglais et les Hollandais
» avaient été repoussés à plusieurs reprises,
» en voyant des escadrons entiers emportés
» par le canon français. Une démarche au-
» dacieuse et désespérée des Anglais fut sur
» le point de leur donner la victoire. Le duc
» de Cumberland fait avancer une colonne
» serrée de quatorze mille hommes, qui
» passe entre deux positions des Français,
» marche inébranlable en faisant un feu ter-
» rible, et gagne rapidement du terrain.
» Déjà plusieurs régimens avaient été forcés
» de plier devant cette masse redoutable. Le
» maréchal fait conjurer le Roi de se retirer,
» en assurant Sa Majesté qu'il va faire tout
» ce qui sera possible pour remédier au dés-
» ordre. *Oh! je suis bien sûr qu'il fera
» ce qu'il faudra*, répondit le Roi, *mais je
» resterai où je suis*. Malgré les plus valeu-
» reux efforts, la victoire allait échapper
» aux Français, lorsqu'on prend la résolu-
» tion de faire entourer la colonne anglaise
» par la maison du Roi, en même temps

» qu'on l'ébranlera avec de l'artillerie placée
» contre son front. Aussitôt les divers régi-
» mens de la maison du Roi se précipitent ;
» la colonne est attaquée de front et par
» les deux flancs ; en moins de dix minutes
» elle est ouverte de tous les côtés ; et les
» cris de *victoire ! vive le Roi !* retentissent
» dans tous les rangs français.

» J'étais blessé, et un instant avant qu'on
» m'emportât, j'eus l'honneur de voir S. M.
» qui parcourait le champ de bataille avec
» monseigneur le Dauphin, et j'entendis
» qu'elle disait au prince, en lui montrant
» ce champ couvert de morts et de blessés :
» *Regardez, mon fils, et voyez ce que coûte*
» *une victoire.* »

» Voilà un petit échantillon des récits que nous faisait mon père ; il y joignait de bonnes leçons dont j'ai souvent eu l'occasion de faire mon profit. Mon cœur bat en me rappelant ce temps-là : mon bon vieux père, mon frère, notre petite ferme, notre grand pommier ! De tout cela il ne reste plus qu'un vieil invalide avec un bras de moins et une balafre sur le front, et bientôt il n'en restera plus rien du tout ici bas. En attendant, vive la joie jusqu'au bout!

» Cependant je grandissais, et, en devenant un grand garçon, je m'apercevais que la petite Marie, la fille de M. Moulin, notre voisin, grandissait aussi, et qu'elle ne voulait plus jouer avec nous comme par le passé. J'étais d'une assez bonne simplicité, et pourtant je parvins, à force d'y penser, à en deviner la cause. Quand je l'eus devinée, j'y pensais encore plus souvent, et je finis par y penser tant que je ne pouvais plus penser à autre chose. C'est comme si je vous disais que je devins amoureux fou de la petite Marie. Alors je ne sais par quel instinct je pris un grand soin de cacher à tout le monde le sentiment que j'éprouvais. Mais je devins triste, rêveur, et bientôt je conçus un profond chagrin, en remarquant que la petite Marie paraissait accorder une préférence très-visible à mon frère. Il n'était pas moins amoureux que moi, et je ne m'en étais pas aperçu d'abord; mais, lorsque je ne pus en douter et que je vis son amour partagé, je renfermai le mien dans mon cœur avec plus de soin encore. J'étais malheureux, mais j'étais content de moi, et il n'est pas de meilleure consolation que celle qu'on trouve dans sa propre conscience.

» Cependant mon frère venait d'atteindre l'âge où les jeunes Français étaient appelés au service de leur pays. Il tira à la milice, et le sort ne le favorisa pas. Son chagrin fut extrême; mais il n'osait le manifester trop ouvertement devant mon père, qui aurait pu l'attribuer à une lâche faiblesse. Pour moi, il ne me le dissimula point, et me fit en même temps la confidence de son amour pour Marie et de ses projets de mariage, auxquels, disait-il, il ne pouvait renoncer sans désespoir. J'avais le cœur bien gonflé pendant qu'il me parlait; mais je tins bon, et je renfonçai mes soupirs au risque d'étouffer. Mon parti avait été bientôt pris sur ce que j'avais à faire. « Sois tranquille, dis-je à » mon frère, tu ne partiras pas; laisse-moi » aller parler à notre père. » J'y allai sur-le-champ; « Mon père, lui dis-je, le sort a » appelé Julien à servir, et je me trouverai » par là exempt de service, puisque la loi

» ne peut vous priver de vos deux fils. Mais
» Julien est l'aîné, il vous est plus utile que
» moi; il n'a pas de goût pour l'état mili-
» taire, et moi je m'y sens appelé par ma vo-
» cation et par le désir de marcher sur vos
» traces, en suivant honorablement cette
» carrière; permettez-moi de remplacer
» mon frère. » Mon père m'embrassa en re-
tenant deux larmes qui roulèrent dans ses
yeux. « Mon cher Pierre, me dit-il, j'ai
» une égale tendresse pour mes deux fils, et
» je ne saurais préférer l'un à l'autre. Ce que
» tu me dis est-il bien vrai, et n'est-ce pas
» seulement la générosité et l'amitié frater-
» nelle qui t'ont fait prendre cette résolu-
» tion? — Non, mon père, j'ai le désir
» de servir. » Il ne paraissait pas entièrement
convaincu; cependant il me dit : « Eh! bien,
» j'y consentirai, mon frère y consent. »
Je le remerciai tendrement, et je courus à
mon frère, qui fondit en larmes sur mon sein
lorsque je lui déclarai mon projet. Oh! je
me sentis alors bien fort contre mes propres
sentimens. Marie arriva dans cet instant; sa
vue me fit battre le cœur, mais ne m'ébranla

pas. « Julien, m'écriai-je, viens déclarer
» à mon père que tu acceptes. » Je l'entraî-
nai et Marie nous suivit. La discussion
fut longue; Julien ne pouvait se résoudre;
mon père nous laissait parler. Quant à Marie, en tout autre moment, j'aurais ri de bon
cœur de la naïveté avec laquelle elle disait :
« Eh bien! mais laissez-le donc partir; c'est
» si heureux que cela lui convienne; tout
» s'arrange si bien! mon pauvre Pierre! va, je
» te sais bien bon gré de cela. » Enfin j'arrachai le consentement de Julien et celui de
mon père, qui me regardait avec une expres-
sion extraordinaire, dont mon cœur était
profondément touché. « Mon père, lui dis-
» je, il n'y a pas de mérite dans ce que je
» fais, mais vous paraissez croire qu'il y en a;
» eh bien, j'en profiterai sans scrupule pour
» vous en demander la récompense. — Par-
» le, que veux-tu que je puisse te refuser? »
Alors, prenant la main de Julien et celle de
Marie, je m'approchai et je mis un genou à
terre en disant : « Mon père, ils s'aiment,
» unissez-les et bénissez-moi. » Il nous reçut tous trois dans ses bras; et, toutes ses

forces étant vaincues, il ne chercha plus à retenir ses larmes, en disant : « Mes enfans, » mes chers enfans ! »

En ce moment, la retraite se fit entendre, et interrompit le récit de Pierre Giberne. On se sépara à regret; on regarda les canons; on salua l'image de Louis XIV placée sur la grande porte, et chacun rentra dans sa division.

TROISIÈME JOURNÉE.

Les drapeaux ; Turenne. — Conseils d'un vieux soldat à son fils ; Départ.

C'était un dimanche ; Pierre Giberne et son ami se rendirent dès le matin à l'église pour y remplir leurs devoirs religieux. En entrant dans la nef de ce magnifique édifice, Pierre Giberne leva les yeux. « Que cherches-tu ? lui dit Eustache. — Je croyais que les drapeaux conquis par la France étaient déposés ici. — Ils y étaient, répond Eustache avec un soupir ; cette voûte était garnie de trophées dans toute son étendue ; ces corniches, ces piliers étaient chargés des étendards mutilés de toutes les nations... — Eh bien ?... — Sois tranquille, ils ne sont pas sortis de l'enceinte de nos fossés. — Que sont-ils devenus ? — Tandis que, des hauteurs de Paris, le canon renversait encore les bataillons étrangers, nous avons sauvé les trophées de la France en les livrant aux flammes, et cette jambe de bois a eu l'honneur d'en remuer les cendres. » Pierre Giberne passa ses doigts sur sa lèvre supérieure, se frotta les yeux et dit : « Ne parlons plus de cela. »

Après avoir assisté à l'office, ils allèrent visiter le dôme. L'étendue, la hauteur et la majesté de cette vaste coupole, la richesse et la beauté de ses ornemens, la perfection des peintures qui la décorent excitèrent vivement l'admiration de Pierre Giberne. « Voilà, disait-il, qui est magnifique comme le règne du grand Louis. En marchant sur ce marbre, je me sens encore plus fier de mon titre d'invalide. Cette magnificence de notre retraite prouve combien on honore les vieux défenseurs de la patrie... Quel est ce monument ?... Turenne !... Oh ! mon ami, que voilà un nom respectable ! C'est mon héros. Oh ! grand homme ! intrépide, mais prudent, modéré, humain ; aucun général ne mit jamais plus de soins à épargner le sang et à ne vaincre que par l'habileté de ses manœuvres; aucun ne fut plus noble et plus généreux au sein de la victoire. Aussi modeste que grand capitaine, c'était à son armée qu'il faisait honneur des succès de son génie. Lorsqu'on le félicitait sur une victoire qui était le fruit de ses savantes combinaisons : *Avec des gens comme vous*, répondait-il, *on peut attaquer hardiment, parce qu'on est sûr de vaincre.* Vertueux autant que brave, on le vit sans cesse donner l'exemple du désintéressement et de la continence. Une ville considérable lui fait offrir cent mille écus pour qu'il ne passe point sur son territoire : *Remportez votre or*, répond-il : *votre ville n'est point sur la route où doit passer mon armée.* A la prise d'une forteresse, dans le pays de Hainault, des soldats lui amènent une belle personne qu'ils ont trouvée dans la place. Le maréchal donne des éloges à leur conduite, en feignant de croire qu'ils n'ont voulu que la soustraire au danger; il la comble d'égards, de marques de respect, et la remet enfin à son époux, en lui disant : *Vous dé-*

vez, monsieur, l'honneur de votre femme à la retenue de mes soldats. Toute la vie de ce grand homme est remplie de traits aussi touchans. Il était adoré de l'armée. Lorsque, sur le point de remporter une nouvelle victoire, il fut tué par un boulet, il n'y eut pas un soldat qui ne donnât des marques de désespoir et qui ne fût impatient de marcher à l'ennemi pour venger son général. Je suis content et fier de trouver ici le tombeau du maréchal de Turenne. Cet illustre capitaine avait eu l'honneur de partager la sépulture de nos rois à Saint-Denis. Ses restes en furent retirés lorsque des furieux osèrent profaner toutes ces augustes cendres. Honorons-nous de ce que notre asile est devenu celui de ce glorieux tombeau. »

Eustache écoutait son ami en silence et avec une sorte d'admiration. Il se serait gardé de l'interrompre, tant il éprouvait de plaisir à l'entendre; car il regardait Pierre Giberne comme un homme très-supérieur, de qui les paroles étaient pour lui des oracles. Eustache était un aussi honnête homme que Pierre Giberne; mais ce dernier avait en effet sur l'autre la supériorité que donne l'instruction. Laissons nos deux amis passer le reste de la journée comme ils l'entendent, et rejoignons-les le soir au rendez-vous de leur société, impatiente d'entendre la suite du récit de Pierre Giberne, qui reprit en ces termes :

« Les choses étant convenues comme je le désirais, je me présentai pour remplacer mon frère, et je n'eus pas de peine à l'obtenir. J'étais plus grand, plus fort et d'une meilleure santé que lui; je fus admis sans difficulté. Ma taille me fit placer dans les grenadiers, et je reçus l'ordre de me rendre au corps qui était en garnison à Lille. Il fallut quitter le toit paternel; m'éloigner pour la première fois de ces lieux où j'avais passé mon enfance, où reposaient les cendres de ma mère; il fallut me séparer de ce respectable père, qui avait pris de moi des soins si tendres, de ce frère, mon seul ami, auquel je faisais, sans qu'il le sût, un si grand sacrifice; il fallut enfin quitter ma chère Marie, avec la pensée que bientôt elle appartiendrait à un autre, et qu'elle ne saurait jamais ce que j'aurais eu tant de bonheur à lui exprimer. Quoiqu'il se soit passé bien du temps et bien des choses depuis cette époque, et que je sois bien vieux aujourd'hui, je ne me rappelle pas, sans tressaillir, ce moment critique de ma vie. J'eus besoin de plus de courage alors qu'il ne m'en a fallu depuis dans les batailles. Le sacrifice de la vie est peu de chose auprès du sacrifice des affections les plus chères. Il me fallait de la force, mais j'en eus; et après avoir remporté cette victoire sur moi, je pensai qu'il me serait moins difficile de soutenir d'autres combats.

» Le jour fatal était arrivé : mon père me conduisit dans sa chambre pour être quelques instans seul avec moi; il voulait me donner ses derniers conseils. Je les écoutai avec respect et attention; je ne les ai jamais oubliés, et ils sont encore présens à ma mémoire Ils méritent d'être répétés; vous ne les entendrez pas sans intérêt : permettez, mes amis, que je consacre ce pieux souvenir, et que je rende cet hommage à la mémoire de mon vertueux et digne père.

« Mon enfant, me dit-il, tu as pris
» volontairement la résolution d'embrasser
» le métier des armes. Il m'eût été plus
» doux de ne me point séparer de toi, de
» me voir, dans ma vieillesse, entouré de
» mes deux fils. Mais j'honore ta résolution;
» et sans vouloir davantage interroger ton
» cœur, j'ai cru m'apercevoir que je devais
» applaudir à toute ta conduite. Puisque
» nous allons nous quitter, je ne sais pour
» combien de temps, reçois en partant les
» avis de ton père; et puisse son expérience
» n'être pas perdue pour toi, mon cher
» Pierre!

» Tu es Français, ainsi tu ne peux man-
» quer de courage, et l'amour de ton roi et
» de ton pays est dans ton cœur; tu seras
» brave en face de l'ennemi, dévoué au ser-
» vice du Roi et fidèle à ton drapeau. Je ne
» m'inquiète pas de cela, je te connais;
» Pierre Giberne est incapable de manquer
» à l'honneur. Ce sentiment toutefois ne te

» distinguera pas entre tes camarades; tu
» le retrouveras dans chacun d'eux : mais
» je désire que tu leur serves d'exemple sous
» d'autres rapports. Tu as reçu une instruc-
» tion dont il ne faut pas que les fruits
» soient perdus. Si tu étais parfois tenté
» de trouver la discipline trop sévère et
» trop gênante, il te suffira de réfléchir un
» peu pour sentir combien l'obéissance est
» nécessaire dans le soldat qui reçoit les
» ordres de son officier, et dans l'officier
» qui reçoit ceux de ses supérieurs. Je te
» demande ce que deviendrait une armée,
» si chacun y voulait agir à sa tête? Une
» armée bien disciplinée a toujours un grand
» avantage sur celle qui ne l'est pas, parce
» qu'il y a de l'ordre et de l'union dans
» l'une, tandis que l'autre n'offre que dé-
» sordre et confusion. Un soldat doit se
» faire honneur de bien obéir; c'est un de
» ses principaux mérites, et j'espère que tu
» en donneras l'exemple.

» Je sais que tu as horreur de la débau-
» che, et de l'oisiveté qui y conduit. En
» campagne on est assez occupé; mais dans

» une garnison les militaires ont beaucoup
» de loisir. Je t'engage à employer ce temps
» d'une manière utile, afin qu'il ne te de-
» vienne pas funeste. L'éducation que tu
» as reçue te rendrait plus coupable qu'un
» autre, si tu te livrais à la paresse, qui est
» la porte de tous les vices.

» Souviens-toi que la sobriété et la tem-
» pérance sont des vertus bien nécessaires
» au soldat. On ne les oublie pas sans avoir
» sujet de s'en repentir. Ce sont elles qui
» conservent la santé et donnent la force
» de supporter les fatigues de la guerre.
» Malheur à celui qui expose une santé si
» précieuse dans cette profession! Malheur
» à celui qui se livre à des excès dans les-
» quels il peut perdre sa raison! Bientôt il
» va cesser de se respecter soi-même; il
» compromettra son uniforme, qu'il devrait
» faire honorer en tous lieux. Que sais-je
» enfin jusqu'où il peut être entraîné? Il est
» armé, et quel usage peut faire de l'arme
» qu'il porte un homme dont la raison est
» égarée? Ne l'oublie pas, mon fils, l'infa-

» mie est souvent le réveil de celui qui s'en-
» dort dans les excès.

» Le soldat est armé par le Roi pour la
» défense du royaume, des propriétés de
» ses concitoyens, et pour le maintien de
» l'ordre et des lois. En temps de guerre, il
» doit verser son sang pour protéger le ter-
» ritoire de son pays. En temps de paix, il
» doit respect aux lois civiles et protection
» aux citoyens désarmés. Celui-là est un
» lâche et un misérable qui, étant armé,
» ose insulter un homme qui ne l'est pas. Il
» mérite le mépris et l'animadversion de
» quiconque sent un peu sa propre di-
» gnité.

» Je te vois, mon fils, combattant avec
» courage les ennemis de la France; mais
» je me plais surtout à penser que ce cou-
» rage sera ennobli par l'humanité et par
» la modération. En entrant dans une ville
» prise de force, en parcourant un pays
» conquis, tu sauras respecter le malheur,
» la souffrance, l'âge, le sexe. Tu renon-
» ceras généreusement à ce droit fatal qui
» met le vaincu à la merci du vainqueur.

» Tu sauras te contenter de ce qui sera né-
» cessaire à tes besoins, et tu regarderas
» comme indigne de toi de dépouiller des
» familles infortunées, écrasées déjà par le
» fléau de la guerre. Les liens conjugaux et
» la pudeur virginale seront sacrés pour
» toi. Donne cet exemple, mon fils; il est
» doux d'être généreux, et la reconnais-
» sance dont on te paiera vaudra mieux
» pour ton cœur que ce que tu auras sa-
» crifié.

» Je me suis efforcé de t'inspirer des
» principes religieux; je te conjure de les
» conserver. Tu n'imiteras jamais ceux qui
» affectent un mépris impie pour la reli-
» gion et pour ses ministres, qui les outra-
» gent par leur conduite et par leurs dis-
» cours. Autant que tu le pourras enfin, tu
» rempliras tes devoirs de chrétien, afin
» que Dieu protége tes armes, et te con-
» serve vertueux.

» Il est toujours difficile à un cœur fran-
» çais de souffrir une insulte; mais le désir
» d'en tirer vengeance se fait plus vivement
» sentir quand on porte un sabre à son

» côté, et il est plus facile d'y céder sans
» réflexion. C'est pourtant un crime que le
» duel, et plus encore dans un soldat que
» de la part d'un autre citoyen. Un soldat
» doit tout son sang à la patrie; il n'a pas
» le droit de le verser pour sa cause parti-
» culière, ni de ravir à la patrie ses dé-
» fenseurs. Je crois, mon fils, qu'il est
» très-rare qu'on ne puisse absolument pas
» éviter un duel. Lorsqu'on a fait preuve de
» bravoure en face de l'ennemi, lorsqu'on
» remplit tous ses devoirs, lorsqu'on vit
» avec ses semblables dans une habitude
» d'égards réciproques, lorsque tout enfin
» dans notre conduite atteste l'honneur, le
» courage et la vertu, un insensé qui ose-
» rait nous manquer, ne mériterait que
» notre mépris, et serait indigne de notre
» vengeance.

» Tels sont, mon fils, les principaux de-
» voirs de ta profession, que j'ai voulu te re-
» tracer. Je ne fais que te les indiquer en
» peu de mots, parce que tu as assez de
» raison pour en apprécier l'importance.
» L'expérience d'ailleurs te la fera chaque

» jour sentir davantage, et si tu te souviens
» des paroles de ton père, qu'elles soient
» un avertissement pour toi au besoin. Je
» serai glorieux d'apprendre que tu te con-
» duis bien, et que j'ai donné au Roi un bon
» serviteur.

» Nous allons nous dire adieu, mon fils :
» le moment est venu, je ne dois plus te rete-
» nir. Tiens, mon enfant, prends ce sabre ;
» c'est celui que j'ai porté long-temps, que
» je portais encore à Fontenoy; c'est le vieux
» témoin de mes combats. Je ne m'en se-
» rais jamais séparé, si je n'avais eu un fils
» digne de le porter. Souviens-toi, chaque
» fois que tu le tireras, qu'il a toujours res-
» pecté la faiblesse, et qu'il ne s'est jamais
» trempé que dans le sang de l'ennemi. »

» J'avais d'abord été ému au point de ne
pouvoir articuler un mot; les dernières
paroles de mon père me ranimèrent.

« Mon père, m'écriai-je, je vous jure,
» sur ce sabre, que votre fils sera digne de
» vous, et qu'il n'oubliera jamais vos avis
» paternels. — J'accepte avec joie ton ser-
» ment, dit mon vénérable père en me

» tendant les bras; je l'accepte et je suis
» sûr que tu le tiendras. Adieu, mon
» fils... Adieu, soldat français; va rejoindre
» ton drapeau, et que ton père te revoie
» avec orgueil, quand tu reviendras dans
» tes foyers. »

» La dignité qu'il mit à ses paroles me fit sentir qu'il fallait en avoir aussi. Je tressaillis en embrassant la reconnaissante Marie, qui m'exprima les plus tendres vœux; je me jetai encore une fois dans les bras de mon vieux père; enfin je m'arrachai de ces lieux si chers. Mon frère me conduisit à une certaine distance. Notre séparation fut touchante : ce fut moi qui dus le consoler et le forcer à retourner. Mon pauvre frère! je devais être bien moins affligé que lui, puisque c'était moi qui avais sacrifié mon bonheur au sien. Enfin nous nous quittâmes, et, le cœur rempli d'émotions, je suivis la route de Lille avec mes compagnons.

QUATRIÈME JOURNÉE.

La cuisine des Invalides. — Le déserteur; La revue; Le drapeau; La théorie.

Eustache était un bon vivant qui, malgré sa jambe de bois, avait bon appétit et bon estomac, et ne regardait pas du tout les heures des repas comme du temps perdu. Il est vrai qu'il les employait à merveille; c'était un plaisir de le voir figurer à table. Il n'y a pas de mal à cela, et il faut faire pour le mieux tout ce qu'on fait. Une chose qu'il admirait par-dessus toutes, dans l'hôtel des Invalides, c'était la cuisine. Il voulut, en la montrant en détail à Pierre Giberne, lui faire partager son admiration. Cela ne fut pas difficile, car, sans être aussi amateur qu'Eustache, on peut voir avec surprise cette partie de l'établissement. Figurez-vous, en effet, quatre vastes marmites, chauffées par un seul fourneau, et capables de recevoir et de cuire, chacune, de la viande ou des légumes pour quatre mille hommes; figurez-vous un tourne-broche qui fait tourner à la fois trois cents livres de viande. Je vous laisse à penser, s'il y a de quoi régaler les yeux d'un amateur et donner de l'espérance à son estomac. De tous côtés, des robinets, qu'on n'a que la peine de tourner, fournissent l'eau nécessaire pour faire la cuisine et pour y entretenir une propreté, dont Pierre Giberne fut surtout enchanté. Eustache aurait voulu qu'il s'extasiât: « Regarde donc, lui disait-il, comme ce petit salé a bonne mine! Voilà des choux qui sentent fort bon et qui seront excellens! J'espère que ces chaudières et ces terrines sont bien récurées! Regarde un peu ces trois broches qui tournent l'une au-dessus de l'autre et qui s'arrosent alternativement du jus qui en découle. Heim! que dis-tu de cela? »

Eustache ne voyait pas de raison pour sortir de la cuisine; il y eût retenu son ami pendant toute la matinée, si celui-ci n'eût désiré d'aller à la bibliothèque, où il resta jusqu'au dîner occupé à lire une histoire de Louis XIV.

Le soir, ayant rejoint ses amis, il s'aperçut qu'il lui manquait un auditeur. On apprit qu'étant tombé subitement malade dans la nuit, cet invalide avait été transporté à l'infirmerie. Pierre Giberne se promit d'aller le voir le lendemain, et continua ainsi sa narration :

« J'ai toujours été d'avis que, quand on prend un parti, il ne faut pas le prendre à moitié. Après avoir payé le tribut à la faiblesse humaine pendant les premiers instans qui suivirent mes adieux à tout ce qui m'était cher, je me répétai cette maxime, que je tenais de mon père, et je finis par retrouver ma bonne humeur accoutumée. Je sortais, comme on dit, de mon village; le voyage et la vue d'objets nouveaux n'étaient pas sans charmes pour moi, et contribuèrent à me rendre ma gaieté. Je regardais de temps en temps le sabre de mon père; je concevais une sorte d'orgueil de ma nouvelle profession, et je crois même que ma petite ambition se permit de faire quelques châteaux en Espagne.

» Il y avait, parmi mes compagnons de route, un jeune homme qui paraissait plongé dans une profonde tristesse. Sa figure était intéressante et agréable. Tandis que les autres cheminaient gaiement en répétant de joyeux refrains, il marchait seul, s'essuyant les yeux à tout moment, et ne prenant aucune part à ce qui pouvait se passer autour de lui. L'état dans lequel je le voyais me fit compassion. « Mon cama-
» rade, lui dis-je, vous vous livrez à une
» trop grande affliction. Il est bien permis
» d'éprouver des regrets en quittant sa fa-
» mille et ses foyers, mais il ne faut pas
» marcher de cet air-là au service du Roi.
» — Ah! monsieur, me répondit-il, je ne
» me consolerai jamais. — Eh! de quoi? —
» D'avoir quitté ma pauvre mère...... » Je fus vivement touché de cette réponse, elle m'inspira beaucoup d'indulgence, et je cherchai à me rendre compte à moi-même de ce que j'aurais ressenti, si j'avais eu le bonheur de conserver ma mère et qu'il m'eût

fallu la quitter. «Mon camarade, repris-je,
» vous ne l'avez pas laissée seule, votre
» mère?—Non, elle a auprès d'elle mon
» frère et ma sœur; quoiqu'elle soit infir-
» me, je suis sûr qu'elle sera bien soignée,
» mais ce ne sera plus par moi.—Voilà des
» sentimens très-louables; cependant il faut
» réfléchir, mon ami, que la France est aussi
» votre mère. C'est aussi la France qui vous
» a nourri et élevé; elle a aussi le droit de
» réclamer vos services. Dans chaque fa-
» mille, il faut qu'il y ait des enfans qui se
» consacrent à leurs père et mère, et d'au-
» tres qui se dévouent à cette mère com-
» mune. Elle honore ces derniers, et, lors-
» qu'ils se conduisent bien, ils font partager
» à leurs parents l'honneur qu'ils retirent
» de leur bonne conduite. Distinguez-vous
» à l'armée; obtenez les éloges de vos supé-
» rieurs et peut-être de l'avancement, vous
» verrez combien votre mère sera fière de
» vous, quand vous retournerez auprès
» d'elle, et comme elle vous embrassera
» avec orgueil. Mon camarade, il n'est pas
» défendu à un militaire d'avoir du senti-

» ment, mais il ne faut pas qu'il ait de
» faiblesse dans l'âme. Ayons bonne volonté
» et nous serons forts. Allons, mon brave,
» essuyez-moi ces yeux-là, et vive la joie! »
Il s'efforça de suivre mon conseil, mais je
vis bien que ce n'était pas de bon cœur. Je
continuai de marcher à son côté, en tâchant
de lui remettre l'âme en meilleur état.

» Le matin de notre troisième journée
de route, je me promenais, en attendant
l'heure de l'appel, pour examiner un peu
la ville où nous avions couché. Voilà que
tout-à-coup j'aperçois au détour d'une rue
un individu qui se glisse aussitôt dans une
allée. Cela me paraît suspect. Je me mets à
courir, j'arrive et je pousse brusquement la
porte, que mon homme avait refermée sur
lui. C'était mon jeune compagnon.... « Mal-
» heureux! m'écriai-je, que faites vous ici?
» — Ah! je vous en conjure, me répond-
» il en baissant les yeux et joignant les
» mains d'un air suppliant, je vous en con-
» jure, ne me perdez pas. — Je viens vous
» sauver au contraire, imprudent! Quel était
» votre projet? — Hélas! je vous l'avouerai,

» puisque vous avez déjà lu dans mon cœur.
» Je voulais retourner auprès de ma mère.
» — Déserter! vous vouliez déserter! oh!
» mon Dieu, je suis donc arrivé bien à
» temps. Ecoutez-moi, mon camarade. Si
» vous étiez un lâche, si c'était la peur qui
» vous eût fait prendre ce parti, je ne me
» donnerais pas la peine de vous retenir, et
» je penserais que des sentimens si bas
» mériteraient tous les maux que vous atti-
» reriez sur vous. Mais j'ai compassion du
» motif qui vous entraînait et qui prouve
» que vous avez un bon cœur; je veux abso-
» lument vous sauver des remords, des an-
» goisses et de l'infamie. Grand Dieu! mon
» camarade, vous, soldat français, voudriez-
» vous passer pour un lâche et pour un
» misérable? abandonner votre drapeau
» avant même de l'avoir salué? déshonorer
» votre famille? retourner dans vos foyers
» pour voir votre mère rougir de son en-
» fant, et pour rougir vous-même aux yeux
» de tous vos concitoyens! Voilà le bien que
» vous alliez chercher; et à quel prix eussiez-
» vous acheté ce triste résultat? Savez-vous

» quelles sont les angoisses d'un déserteur ?
» Avec une âme bien placée comme la
» vôtre, il ne saurait se défendre du re-
» mords, car il a commis un crime en
» désobéissant à la loi; il ne saurait se sous-
» traire à la honte, car il a commis une
» action déshonorante en refusant ses ser-
» vices à la France. Mais, lors même que
» son âme serait assez vile pour ne point
» sentir ces remords et cette honte, com-
» ment échapperait-il à la crainte conti-
» nuelle d'être découvert ? Où se cacher ?
» Quelle profession exercer pour vivre ? On
» est à sa poursuite; tout visage inconnu lui
» est suspect et le fait trembler; il s'aper-
» çoit trop tard qu'il ne pourra long-temps
» se soustraire aux recherches dont il est
» l'objet. Enfin, s'il s'endort un moment
» dans une trompeuse sécurité, c'est ce mo-
» ment qui lui est fatal! il est saisi, conduit
» comme un criminel auprès du drapeau
» qu'il a quitté, et là, au pied de ce drapeau
» qui l'accuse, sous les yeux de ses anciens
» compagnons d'armes indignés de sa con-
» duite, il est dégradé, déshonoré publi-

» quement, déclaré indigne de servir son
» pays, condamné à l'infamie et voué aux
» travaux humilians et pénibles des crimi-
» nels. — Ah! vous me faites frémir, s'écria
» mon jeune camarade avec l'accent de la
» terreur et du repentir, vous faites dresser
» mes cheveux! O ma mère, j'aurais dés-
» honoré votre vieillesse; j'aurais peut-être
» abrégé vos jours! Mon frère, ma sœur,
» l'infamie de votre frère serait retombée
» sur vous! Grand Dieu! qu'allais-je faire?
» Quel était mon égarement! Ah! mon ami,
» car je veux vous appeler ainsi, je veux que
» vous le soyez, laissez-moi embrasser vos
» genoux. Comment vous rendrai-je grâce
» pour ce que je vous dois? J'étais perdu
» sans vous! — Relevez-vous, relevez-vous,
» lui dis-je; et venez dans mes bras. Oui, je
» veux être votre ami. Si votre cœur souffre
» encore, mes consolations ne seront peut-
» être pas sans effet; je vous aiderai à avoir
» de la force. Croyez-vous donc que d'autres
» soient exempts de peines et de regrets?
» J'en ai aussi, mais je suis homme et je
» connais mes devoirs. Maintenant, ajoutai-

» je, je suis sûr de vous et ne vous demande
» pas de serment pour l'avenir.....— Ah!
» interrompit-il avec vivacité, je le fais ce
» serment, je le fais au nom de ma mère;
» jamais, jamais je ne serai un déserteur!
» La pensée que j'en ai eue un moment me
» fait horreur. — Sois donc mon frère d'ar-
» mes, m'écriai-je en lui tendant la main;
» je suis à toi de ce moment à la vie et à
» mort. »

» Il a tenu sa promesse, s'écrie Eustache interrompant Pierre Giberne; il a tenu sa promesse, et j'en sais quelque chose, car c'est à moi qu'il a rendu ce grand service. — Et toi, tu as fait plus que de tenir la tienne, répond Pierre Giberne. Messieurs, ce jeune homme, qui avait eu la pensée de déserter, est devenu un des plus fiers soldats que j'aie connus, et il a toujours conservé ce bon cœur qui avait failli l'aveugler un moment sur ses devoirs. Remarquons, en passant, mes amis, qu'il ne suffit pas toujours d'avoir un bon cœur pour se bien conduire. Les gens qui n'ont pas de tête, ni de raison, croient avoir tout dit en disant : j'ai une mauvaise tête, mais j'ai un bon cœur. Eh bien, avec cela on fait beaucoup de sottises, et l'on peut en un moment se perdre pour toujours. C'est une mauvaise excuse, et il n'y en a pas de bonne pour manquer à ses devoirs. »

Tout notre cercle d'invalides avait les yeux fixés sur les deux vieux amis, pour lesquels ce moment ressemblait à une nouvelle reconnaissance, dont chacun partageait les émotions.

« Eustache et moi nous tenant fraternellement par la main, continua Pierre Giberne, nous nous rendîmes à l'appel. Lorsqu'on appela le nom d'Eustache, je ne pus m'empêcher de crier en même temps que lui de toute ma force : *présent!* Cela fit rire mes voisins, qui ne se doutaient pas de ce qui se passait en moi. J'étais bien heureux ; je venais, pour la première fois, d'être utile à mon semblable, et cela met de la joie dans le cœur. Si mon père était là, me disais-je, il serait content de moi. Cette pensée me rendait riche, fort, puissant, et je n'aurais pas donné cette journée pour une épaulette.

» Nous continuâmes notre route. Mon jeune camarade n'était plus reconnaissable: son visage était devenu serein; il ne versait plus de larmes; peu à peu ma gaieté et celle de mes compagnons se communiqua à lui, et enfin je fus parfaitement content, quand je l'entendis répéter le refrain d'une chanson militaire.

» Lorsque nous fûmes arrivés au corps, je demandai et j'obtins d'être placé dans la même compagnie que lui, et qu'il fût mon camarade de lit, en sorte que nous ne fûmes pas séparés. Dès le lendemain, nous passâmes la revue du colonel. Tout le régiment était sous les armes et dans une belle tenue. La vue du drapeau qui flottait au vent me fit battre le cœur. Il était déchiré en plusieurs lambeaux par les balles qu'il avait reçues; j'enviai le sort de celui qui le portait. Voilà mon drapeau, me disais-je avec orgueil, voilà mon drapeau que je dois suivre fidèlement partout; près duquel je dois mourir, quand il le faudra, pour le défendre! voilà mon drapeau, qui ne doit jamais être arraché de ces rangs dont j'ai l'honneur de faire partie! voilà mon drapeau, qui ne doit jamais orner les trophées de l'étranger! voilà mon drapeau, qui est le toit, l'abri, la richesse du soldat! O mon drapeau! je te salue; Pierre Giberne ne sera pas indigne de marcher sous ton ombre.

» Je crois que la vue de notre étendard n'avait pas fait moins d'impression sur Eustache, car, lorsque je jetai les yeux sur lui, il levait le front avec fierté et semblait être animé d'une noble ardeur. Cela me parut de bien bon augure, et la suite a prouvé que je ne me trompais pas. Nous défilâmes devant le colonel. La musique me fit un effet que je ne pourrais exprimer. Je n'avais jamais entendu que le violon du ménétrier qui nous faisait danser dans mon village, ainsi jugez de l'admiration que dut me causer une belle musique militaire; j'aurais voulu défiler toute la journée pour l'entendre toujours.

» Il fallut, les jours suivans, commencer

les exercices de la théorie, qui nous furent enseignés par un vieux sergent à moustaches rousses. Je n'eus pas de peine à réussir, car j'en savais déjà beaucoup. Dès mon enfance, mon père s'était amusé à me faire faire l'exercice; cela lui rappelait son bon vieux temps et me plaisait extrêmement: aussi je n'avais pas douze ans que je connaissais joliment ma charge en douze temps. Notre instructeur était étonné de mes progrès, et bientôt il me confia quelques-uns de ses soldats pour commencer à les exercer. Je fis en sorte que mon ami Eustache fût de ce nombre, ce qui lui fit grand plaisir, parce qu'il trouvait le sergent un peu dur. Celui-ci avait en effet l'apparence assez rude; mais au fond c'était un bon diable, comme vous le verrez plus tard. Enfin, au bout d'assez peu de temps, nous fûmes tous en état de manœuvrer très-bien avec le régiment. Cela n'est pas si difficile qu'on le croit; il ne faut que de l'attention et de la bonne volonté. Or, il n'y a pas de choses auxquelles on réussisse sans ces deux conditions.

» Me voilà donc tout-à-fait soldat, et en garnison dans une ville frontière. Nous verrons demain, mes amis, comment j'y passai mon temps; car je m'aperçois que le soleil a disparu, et je crois que, pour aujourd'hui, l'heure approche de battre en retraite. »

CINQUIÈME JOURNÉE.

L'infirmerie; Le testament d'un invalide. — La garnison; Le criminel; Le conseil de guerre; L'exécution; Bruits de guerre.

Pierre Giberne était empressé de visiter son malade. Accompagné du bon Eustache, il se rendit à l'infirmerie. « Voici, dit-il en entrant dans la première sa... voici ce qui n'est pas la moins belle partie de cette maison. Comme tout ceci paraît bien tenu! » En effet, il serait difficile de voir quelque chose de plus touchant que les derniers soins qui sont donnés en ce lieu aux vieux guerriers dont le sang a coulé pour la France. Tout y est réuni avec une noble prévoyance pour adoucir leurs maux, pour prolonger leurs jours, ou pour rendre moins douloureux leurs derniers momens. Ils sont environnés de toutes les consolations de l'humanité et de la religion. La patrie ne les abandonne pas un seul instant, et acquitte envers eux sa dette jusqu'à la fin; elle se rappelle que ces souffrances peuvent être le résultat des services qui lui ont été consacrés. Il faut voir ces rangées de lits propres et soignés; il faut être témoin du zèle et de l'attention des médecins et des chirurgiens; il faut entendre les pieuses et consolantes exhortations des respectables prêtres qui viennent assister les malades, et leur parler du Dieu qui fortifie, qui guérit et qui donne la confiance pour mourir et retourner à lui. Mais, que dirai-je de cette charité attendrissante avec laquelle des femmes, de vertueuses créatures se dévouent à l'humanité souffrante? Où trouver des expressions pour louer dignement leur sacrifice sublime? Respectables sœurs de la charité! il vous appartenait, à vous, si courageuses, si infatigables, de consacrer vos soins pieux à ces braves qui ont échappé aux dangers et aux fatigues, et qui ne peuvent échapper aux atteintes de l'âge et de la douleur. Tout entières à votre œuvre de miséricorde, le monde n'est rien pour vous; vos seules jouissances sont dans le bien que vous faites, votre seule récompense dans l'espoir d'une autre vie. Aucun péril, aucune fatigue, aucun dégoût ne peuvent ralentir votre zèle. *Puisqu'il y a du danger, il n'y a pas à hésiter, il faut y aller!* Qui prononçait ces paroles? Était-ce un guerrier que l'honneur appelait aux combats? non, c'était une sœur de la Charité invitée à aller soigner de malheureux pestiférés. Femmes vénérables! Pierre Giberne, en passant devant vous, chapeau bas, regrettait de ne pouvoir vous montrer tout le respect et toute l'admiration que vous lui inspiriez.

Après avoir traversé deux salles, il arrive au lit du malade, qui était déjà mieux, et qui fut en état de le reconnaître ainsi qu'Eustache. Il avait été pris par une violente attaque, que son âge et ses infirmités rendaient d'autant plus dangereuse; et il serait infailliblement mort, s'il n'eût été à portée de recevoir des soins aussi habiles et aussi assidus. Mais il avait été si promptement et si bien traité, qu'il n'y avait plus lieu à aucune crainte et qu'il était hors de tout danger. Nos deux amis, qui ne croyaient pas que son mal eût été aussi grave, furent bien heureux d'apprendre en même temps qu'il était sauvé.

Ils voulaient se retirer promptement, de crainte de le fatiguer; mais leur présence avait tellement ranimé le malade, qu'il les retint, et les pria d'écouter une chose importante qu'il avait à leur dire. « Mes chers amis, dit-il, je me sens beaucoup mieux, et j'espère que ce ne sera pas encore cette fois qu'il faudra faire le grand voyage. Cependant comme on ne sait pas ce qui peut arriver, j'ai voulu ce matin arranger mes affaires avec le bon Dieu; c'était le plus pressé, c'est fait. Mais il me reste encore à régler les choses de ce monde; je pensais bien que vous viendriez me voir, et je vous attendais pour cela.—Mais, mon camarade, vous allez vous faire du mal en vous occupant....—Soyez tranquilles, mon testament n'est pas bien long à faire : mon sergent, sans vous commander, faites-moi le plaisir de passer votre main sous mon traversin, vous y trouverez un petit paquet enveloppé de papier. Bon, c'est cela. Mes amis, voilà ce que je possède de plus précieux. Lorsque j'eus le bonheur d'enlever un drapeau à Fleurus, ce petit morceau ne tenait plus que par un fil, je l'arrachai, et le conservai précieusement; c'est mon trophée! Je l'ai regardé souvent, je vous en réponds; laissez-moi le voir encore... Ah! touchez mon cœur; il a toujours assez de force pour battre à la vue de cette relique.... Ceci, c'est ma moustache. J'ai eu de la peine à la couper et je n'ai pas voulu m'en séparer. C'est un enfantillage, si vous voulez; mais écoutez donc, c'était ma vieille compagne. Regardez, elle avait roussi sous la fumée du bassinet; j'y tenais, moi, je l'ai gardée, je l'ai enveloppée dans ce morceau de drapeau. Si je meurs, je suis sûr que mon ami l'Assurance sera bien aise d'en hériter. Il est caporal dans le deuxième de la garde royale. Je vous confie mon trésor, promettez-moi que vous le ferez tenir à mon légataire universel. »

Pierre Giberne et Eustache donnèrent leur parole d'accomplir les volontés du malade. Ils voulurent le rassurer sur son état : « Bon, bon, dit-il, je sens que ce n'est pas encore fini, et d'ailleurs je n'ai pas peur; j'ai tant de fois vu la Mort de près, que je connais sa mine. » Nos braves se retirèrent enfin après lui avoir promis de revenir le voir tous les jours jusqu'à son parfait rétablissement.

Le soir, on balança pour savoir si l'on attendrait le retour du camarade absent pour continuer le récit de Pierre Giberne; cependant, comme la convalescence pouvait être longue, il fut décidé qu'il valait mieux ne pas interrompre, et notre orateur reprit la parole comme vous l'allez entendre.

« Vous savez tous, messieurs, ce que c'est qu'une garnison; l'exercice, la garde, la parade pour tous; le travail pour quelques-uns, l'oisiveté pour le plus grand nombre. Je me souvenais trop des conseils de mon père pour m'abandonner à ce vice; je cherchai donc à m'occuper. J'étais adroit, je demandai à l'armurier du régiment de m'employer. Je réussis assez bien, et il finit par être fort content d'y avoir consenti. Eustache aima mieux travailler pour le tailleur, et n'eut pas moins de succès que moi. Je m'étais procuré quelques livres, et je lisais quand je ne travaillais pas. Deux jours après mon arrivée au régiment, je m'empressai d'écrire à mon père, et de lui faire le détail de mon voyage. Je n'osai parler de Marie, je n'osai demander de ses nouvelles. Que pouvais-je apprendre? J'avais bien pu en faire le sacrifice à mon frère; mais il fallait, pour ma tranquillité, tâcher de l'oublier. Eustache écrivit aussi à sa mère. Ce bon garçon me montra sa lettre; elle était si tendre et si touchante, que j'en fus attendri jusqu'aux larmes. Mon amitié pour lui augmentait chaque jour; il devenait pour moi vraiment un autre frère. En assez peu de temps, nous avions tous deux fait connaissance avec nos camarades, et j'avais la satisfaction de voir que nous leur plaisions. Plusieurs d'entre eux, ayant vu que je savais écrire, vinrent me demander d'écrire pour eux à leurs familles; je le faisais de bon cœur, et cela me procurait des amis. Je devins en quelque façon l'écrivain public de la compagnie. Cela ne me déplaisait pas. Il y avait quelquefois de si bons sentimens dans ce qu'on me dictait, que je ne pouvais m'empêcher d'interrompre pour donner une poignée de main à celui dont j'étais l'interprète. Il était rare que ce ne fût pas ainsi. Cependant il se trouvait dans la compagnie un mauvais sujet bien connu pour tel : habitué de tous les lieux de débauche, faisant des dettes au cabaret, lâche sur le champ de bataille et grand amateur de duels, parce qu'il maniait le sabre très-adroitement, cherchant querelle à tout venant lorsqu'il était ivre, il avait reçu à l'unanimité le surnom de *Tapageur*. Quoique nous n'eussions aucunes relations ensemble, il vint un jour me prier d'écrire une lettre pour lui. Il s'agissait d'une lettre d'amour à la fille d'un honnête charpentier de Lille, auprès de laquelle, disait-il, ses affaires étaient déjà bien avancées. « Eh bien, » qu'est-ce que tu veux en faire ? lui dis-je ; » as-tu l'intention de l'épouser ? — Tu te » moques de moi, je pense. C'est pour la » bagatelle, et rien de plus. — Pour qui me » prends-tu ? m'écriai-je ; me crois-tu ca- » pable de servir tes beaux projets ? Va- » t'en chercher un autre écrivain. — Tu ne » veux pas ? — Non. — Eh bien, tu me » payeras cela, Pierre Giberne. — Je n'ai » pas peur de toi, Tapageur. »

» Quelque temps après cette aventure, nous étions de garde, Eustache et moi, dans un poste où Tapageur se trouvait avec nous. On jouait à la drogue ; il était un des joueurs. Son gros nez rouge, déjà chargé de trois chevalets, composait avec le reste une physionomie vraiment très-risible. Arrive enfin un quatrième chevalet, et pour le coup tout le monde éclate de rire, et Eustache comme les autres. Tapageur se lève furieux, et va saisir de toute sa force le nez d'Eustache qui ne trouve d'autre moyen pour lui faire lâcher prise, que de

lui asséner un vigoureux coup de poing
sur la joue. Grande rumeur. « Tu vas m'en
» faire raison tout à l'heure, s'écrie Tapa-
» geur. — Quand tu voudras, répond Eus-
» tache indigné. » Je m'élance : « Mes ca-
» marades, dis-je, je ne veux point que ce
» jeune homme se batte. Il n'a été insulté
» que parce qu'il est mon ami. Si quelqu'un
» doit avoir affaire à Tapageur, c'est moi.
» — Arrête, Pierre Giberne, interrompit
» Eustache, laisse-moi te prouver aujour-
» d'hui que je n'ai jamais été un lâche. —
» Tu me le prouveras en face de l'ennemi,
» et la preuve sera plus honorable pour toi.
» — Non, laisse, laisse-moi montrer à mes
» camarades que je suis capable de donner
» une leçon à cet insolent. — Il n'en est pas
» digne ; et avant de la lui donner moi-
» même, je vous demande votre avis, mes
» camarades... — Non, non, s'écrie tout
» le poste ; c'est abominable, nous ne souf-
» frirons pas que vous vous battiez avec ce
» mauvais sujet... » On en était là lorsque
le factionnaire des armes crie : *Ronde
d'officier!* L'officier arrive.... « Quel est ce

» tumulte dans le poste ? » On se tait; personne ne veut dénoncer même un mauvais camarade. L'officier commande; le sergent raconte le fait, et Tapageur est envoyé pour huit jours à la salle de discipline.

» Lorsque l'officier de ronde se fut retiré, je racontai ce qui s'était passé, quelques jours auparavant, entre Tapageur et moi. Le sergent qui nous commandait était justement notre instructeur. Il avait de la considération pour moi, et en fut d'autant plus disposé à approuver la conduite que j'avais tenue. « Tu as bien fait, me dit-il, de
» ne pas écrire pour ce drôle-là à une pau-
» vre innocente, et de ne pas l'aider à dé-
» soler une honnête famille. Un libertin,
» un débauché qui ne connaît ni Dieu ni
» honneur ! Nous savons tous la vie qu'il
» mène; c'est la honte de la compagnie.
» Pour sûr, il finira mal. Tu as bien fait
» aussi de ne pas laisser ton ami se battre
» avec lui; le coup de poing qu'il lui a
» donné est tout ce que valait le drôle. C'est
» pourtant parce qu'il y a de mauvais crânes
» comme cela qu'on est quelquefois forcé

» de se battre; et il faut convenir que c'est
» une grande bêtise. Je vous demande
» comme un coup de sabre vous donne bien
» raison? Morbleu! celui qui me forcerait
» de dégainer ailleurs que sur le champ de
» bataille me mettrait de si mauvaise hu-
» meur, que, pour sûr, je lui ferais passer
» un rude moment. » En entendant notre
sergent parler ainsi, je me rappelais les
conseils de mon père, et je me félicitais
d'avoir obtenu déjà assez d'estime pour
pouvoir me conduire selon mes principes,
sans craindre d'être mal jugé.

» La prédiction de notre sergent ne devait pas tarder beaucoup à se vérifier, et il
était dit que Tapageur finirait mal. En sor-
tant de la salle de discipline, il n'eut rien
de plus pressé que d'aller se consoler au cabaret de la punition qu'il venait de subir.
Après s'en être donné rondement, la tête
bien échauffée par le vin, il s'en va faire
sa ronde autour de la boutique du charpentier dont il convoitait la fille. Il l'aperçoit
qui était seule, et entre sans façon. L'insolent, d'une langue embarrassée et en termes

grossiers, lui explique son amour; elle est effrayée, elle veut fuir; il la retient et la prend dans ses bras; elle jette des cris perçans. A l'instant son père entre; furieux, il s'élance, menace Tapageur et arrache sa fille des bras du misérable. Celui-ci, étourdi par l'ivresse, ne sachant ce qu'il fait, tire son sabre et en porte un coup qui, heureusement, ne fait qu'effleurer l'épaule gauche du charpentier. « Lâche! s'écrie ce dernier transporté d'in- » dignation, je ne te crains pas. » En disant ces mots, il a saisi un maillet, avec lequel il étend d'un seul coup Tapageur sans mouvement à ses pieds. Tout cela se passa très-rapidement; cependant plusieurs voisins que les cris de la jeune fille avaient attirés furent témoins de la scène. La blessure du charpentier était peu grave; on rapporta à la caserne Tapageur qui n'avait été qu'étourdi par le coup. Lorsqu'il revint à lui, se rappelant confusément ce qui s'était passé, il parut saisi de terreur. « Je suis » perdu! dit-il. » Il disait vrai. Le conseil de guerre fut assemblé, et l'affaire instruite devant lui. Tapageur pouvait être condamné à mort; mais la déposition du bon et honnête charpentier fut si modérée, si favorable à l'accusé; il fit valoir avec tant de zèle l'état dans lequel était le criminel au moment du crime, et le peu de conséquence qu'avait eu la blessure, que Tapageur fut seulement condamné à traîner le boulet pendant toute sa vie. Un autre eût préféré la mort, mais, pour des hommes tels que Tapageur, l'infamie peut être une grâce.

» L'exécution du jugement eut lieu le lendemain sur la place d'armes, en présence de toute la garnison. Le malheureux, qui était indigne d'être soldat français, fut dégradé, et on lui scella le boulet. C'est la seule fois que j'aie éprouvé la douleur d'être témoin de cette terrible cérémonie. Grand Dieu! comment peut-on survivre à tant de honte? Quoique nous fussions bien aises de voir notre compagnie purgée d'un homme qui la souillait par sa présence, nous avions le cœur serré, et nous ne pouvions penser sans douleur qu'un de nos camarades eût encouru un châtiment aussi ignominieux. Cette journée nous laissa à tous une profonde et durable impression.

» Je ne devais pas rester long-temps dans la garnison de Lille. Des bruits de guerre circulaient depuis quelque temps. Nous apprîmes enfin officiellement que la France prenait le parti des Américains contre l'Angleterre, et qu'une armée française allait passer en Amérique, sous le commandement du général de Rochambeau. Notre régiment était désigné comme devant faire partie de cette expédition, et nous attendions des ordres. Je ne songeai pas sans quelques regrets à la distance qui allait me séparer de mon pays et de ma famille; mais j'étais soldat, et le souvenir de mon devoir imposait silence à tous les sentimens qui ne se seraient pas accordés avec lui. Mon brave Eustache eut encore besoin de moi dans ce moment; mais son âme avait déjà acquis de la fermeté, et je fus bien content de lui.

» J'avais reçu plusieurs lettres de mon père et de mon frère. Le mariage n'était pas encore fait, mais on paraissait bien heureux et bien touché de mon dévoûment. Cela me faisait du bien, et il y avait des momens où cette pensée n'avait plus rien d'amer et me rendait tout joyeux. A l'époque où les bruits de guerre devinrent sérieux, je reçus de mon père une nouvelle lettre que je vous lirai demain, mes amis, si Dieu nous prête vie jusque-là.

SIXIÈME JOURNÉE.

Souvenirs de famille. — Lettre paternelle; Route militaire; Incendie; Dévoûment courageux bien récompensé; Réunion et séparation; Embarquement; Combat naval.

Eustache s'étant rendu auprès de son ami dans le dortoir de ce dernier, le trouva occupé à fouiller dans sa petite armoire. « Que fais-tu donc là? lui dit-il; j'étais étonné de ne t'avoir pas encore rencontré ce matin. — Je viens, répondit Pierre Giberne, de chercher dans mes papiers, la lettre de mon père que j'ai promis de vous lire ce soir, et cette recherche m'a entraîné à visiter mon petit butin. J'étais en train d'arranger mon armoire, et j'ai retrouvé là quelque chose qui m'a fait venir une larme dans l'œil. — Qu'est-ce donc? — Tiens, regarde. » Pierre Giberne développa alors un papier plié en forme de lettre, dans lequel étaient renfermés des cheveux de trois couleurs, liés ensemble par une petite natte de cheveux blancs comme la neige. « Est-ce que ce sont des cheveux de femmes que tu conserves comme cela à ton âge? dit Eustache. Ceux-là du moins n'en sont pas, ajouta-t-il en montrant les blancs. — Oh! pour cela non, répondit Pierre Giberné; ce n'est pas, monsieur Eustache, que je n'eusse pu dans ma jeunesse obtenir tout comme un autre des cheveux d'une belle; mais le souvenir de Marie m'a toujours empêché d'attacher assez de prix à ce qui serait venu d'une autre pour le conserver si précieusement. Ces cheveux blancs sont ceux de mon vertueux père; les noirs sont ceux de mon frère, les blonds, ceux de sa femme Marie, et les châtains, ceux de leur pauvre petit François, leur second enfant. Tous sont morts, mon ami, et voilà tout ce qui me reste d'eux, à moi qui ai couru mille dangers et qui leur ai cependant survécu; car on a bien raison de dire, ce n'est pas celui qui est le plus exposé qui est le plus tôt frappé. Pauvres amis! ma vieillesse eût été trop heureuse, si j'avais pu la passer au milieu de vous. Mais, tiens, cela m'aurait trop fait craindre la mort, et cette crainte-là ne va pas bien à un vieux soldat.

— Et pourquoi n'as-tu pas aussi des cheveux de leur fils aîné? demanda Eustache.

— Ah! c'est que lui n'est pas mort dans sa famille. Il était militaire, et depuis qu'il a perdu ses parens je n'ai point eu de ses nouvelles. Il est probable qu'il a été tué, mais je ne sais où. Pauvre Pierre! c'était un bon sujet, bon fils, bon parent. On lui avait donné mon nom par reconnaissance. Je l'aimais comme s'il eût été mon fils. Pauvre garçon! Je suis sûr, au moins, que s'il est mort, il se sera bien comporté jusqu'à la fin.... Allons, mon vieux, tout cela m'a ému l'âme. Mène-moi prendre l'air et fumer ma pipe. » Eustache n'était pas homme à refuser, et ce qui était dit fut fait. Ils allèrent ensuite visiter leur malade qui commençait à reprendre des forces. La journée se passa, et le soir arriva.

Pierre Giberne, assis au milieu de son cercle, tira de sa poche un petit portefeuille de peau de mouton, y prit la lettre de son père, et débuta par cette lecture.

« A la ferme de ..... le ....

» Mon cher enfant,

» Ta dernière lettre m'annonce que ton
» régiment va partir pour l'Amérique. Cette
» nouvelle m'afflige, mais j'ai appris et je
» t'ai enseigné à ne jamais murmurer contre
» notre devoir. Que la volonté de Dieu soit
» faite, et que l'homme obéisse. Tu as jus-
» qu'à présent suivi mes conseils de ma-
» nière à ce que je puisse me glorifier de
» mon fils; tu continueras, et ce sera la ré-
» compense de mes sacrifices; ta conscience
» sera la tienne. Tu me dis que tu n'as pu
» obtenir de permission pour venir nous
» dire adieu, parce qu'on attend à tout mo-
» ment les ordres de départ. Hélas! mon
» fils, il est probable que nous ne nous re-
» verrons jamais. J'espère que Dieu proté-
» gera tes armes et veillera sur toi; mais
» ton père est vieux, et tu ne le retrouveras
» plus quand tu reviendras dans ton pays.
» Je te laisse voir mes émotions, parce que

» je connais la force de ton âme autant que
» ta sensibilité. Souviens-toi toujours des
» avis de ton père.

» Tu vas combattre loin de ton pays pour
» la cause d'un autre peuple. Que cette idée
» ne te trompe pas sur tes devoirs. Garde-
» toi de croire que ce ne soit pas servir la
» France que de combattre pour les alliés
» de ton Roi. Les nations alliées se doivent
» aide et secours entre elles; et lorsqu'un
» peuple a la France pour alliée et pour
» protectrice, ses destinées doivent être
» assurées par la puissance et la valeur des
» enfans de la France. Tu vas défendre et
» protéger les Américains, mon fils; tu em-
» brasseras leur cause avec ardeur, et tu te
» conduiras en tout vis-à-vis d'eux comme
» à l'égard de tes concitoyens. Ils le devien-
» nent dès l'instant qu'ils sont les amis de
» ton Roi et de ton pays. Peu importe la
» différence de mœurs et de langage, celui
» qui combat à nos côtés est notre frère.
» Quelle étroite union que celle qui naît de
» la communauté des travaux et des périls!

» Si la discipline est nécessaire et indis-

» pensable dans une armée sur son propre
» territoire, elle le devient peut-être plus
» encore dans un pays allié. Il y va de l'hon-
» neur de chaque soldat, et c'est le cas d'ho-
» norer sa patrie en donnant aux autres
» l'exemple de la meilleure conduite. Je
» m'en rapporte à toi, mon enfant; tu te
» souviendras de ton titre de Français et du
» nom que je t'ai donné. Ce nom est obscur,
» il ne porte avec lui ni grandeur ni pou-
» voir; mais l'honneur existe dans tous les
» rangs en France; le plus modeste citoyen
» et le simple soldat y sont considérés quand
» ils le méritent, et le nom que tu portes est
» sans reproche.

» Adieu, mon fils chéri, ton frère et sa
» femme t'embrassent étroitement. Je crois
» que le ciel leur accordera bientôt un en-
» fant; ils veulent lui donner ton nom.
» Adieu, indique-moi la route que tu dois
» suivre pour te rendre au port où ton ré-
» giment s'embarquera. Je te presse sur
» mon cœur bien ému, et je te donne ma
» bénédiction.

» Ton père, M. Giberne. »

» Je lus et relus cette lettre, je la couvris de larmes, et je me mis à genoux comme pour recevoir la bénédiction paternelle. Peu de jours après, nous passâmes la revue du colonel, et l'on nous annonça que le lendemain nous quitterions la garnison pour nous rendre au port de Brest. Je m'empressai d'écrire à mon père. Le régiment se mit en route. Cette marche était plus silencieuse et plus grave que ne le sont communément les marches militaires. Un soldat va gaiement au combat sur la frontière de son pays, mais l'idée de franchir les mers et de mettre des milliers de lieues entre soi et sa patrie fait la même impression sur le cœur du soldat que sur celui de tout autre citoyen. Lorsque nous entrâmes en Normandie, le mien battit fortement. C'était la province où j'étais né, où vivaient mon père et ma famille, où était la petite ferme dans laquelle j'avais passé mon enfance. Mon village n'était qu'à dix lieues de la route que nous suivions, et j'éprouvais le regret de ne pouvoir m'écarter pour aller embrasser tous les miens. Enfin nous arrivâmes à Rouen. Au moment où nous entrions dans cette grande ville, tout était en mouvement. Les cloches de la cathédrale et de plusieurs églises sonnaient le tocsin; on courait, on se pressait; des troupes se rendaient en hâte dans le même lieu: une rue presque entière était en proie aux flammes. Le commandement, *Arme au bras!* se fait entendre dans chaque compagnie. *Régiment, halte!* « Mes camarades, » crie de toute sa force le lieutenant-colonel » qui nous conduisait, vous êtes fatigués, » mais je suis sûr que vous allez l'oublier: » le feu est dans la ville, nous ne nous re- » poserons pas avant d'avoir secouru les » habitans. » Le cri français, *vive le Roi!* fut la réponse unanime du régiment. — *Pas accéléré; en avant, marche!* — On arrive dans la rue incendiée. Eustache et moi, nous nous trouvons devant une maison dont l'escalier était embrasé. Des cris se faisaient entendre au deuxième étage. « Eustache, m'écriai-je, veux-tu sauver ces malheureux? suis-moi. » Nous nous élançons au milieu des flammes et d'une fumée

suffocante. A coups de sabre nous enfonçons la porte d'une chambre..... « Mon
» père! — Ma mère! — Mon frère! Dieu! »
J'arrache les couvertures de deux lits; j'enveloppe mon père dans l'une, Eustache entoure sa mère de l'autre; mon frère nous seconde; et traversant de nouveau des brasiers avec ces précieux fardeaux, nous sortons de la fournaise, brûlés, mutilés, déchirés, mais si heureux et tellement ivres de joie, que je n'ai jamais eu aucun souvenir de ce qui se passa après cette scène et de la manière dont se termina l'incendie. Je sais seulement que le régiment se distingua comme un jour de bataille.

» Mon pauvre père avait voulu absolument embrasser encore une fois son fils qu'il n'espérait plus de revoir ensuite. Il était venu m'attendre à Rouen où il savait que je devais passer. Mon frère avait voulu l'accompagner, et ils avaient amené la bonne mère du bon Eustache. Le feu s'était manifesté dans l'auberge où ils logeaient; il avait gagné l'escalier en un instant; et, comme il arrive souvent en pareil cas, on avait perdu la tête, et l'on n'avait plus vu aucun moyen de salut, lorsque la Providence nous amena comme par miracle au secours de ce que nous avions de plus cher. Oh! que de grâces nous lui rendîmes à cette Providence! Qu'on se figure notre position, notre surprise, notre bonheur. Nous étions dans les bras de nos parens, et nous ne pouvions nous en arracher. Je venais de sauver mon père; Eustache venait de sauver sa mère; je sauvais aussi mon frère, et je le rendais une seconde fois à cette chère Marie et à l'enfant qu'elle portait dans son sein. J'aurais désiré de la voir, et pourtant j'étais bien aise qu'elle ne se trouvât pas là; sa présence m'aurait distrait des émotions que j'éprouvais, et j'ai long-temps redouté les regrets involontaires que sa vue aurait pu me faire sentir. Je me serais cru trop ingrat de n'être pas parfaitement heureux des récompenses que le ciel m'accordait. Mon père me pressait sur son sein avec tant de tendresse et d'orgueil, qu'il ne me semblait pas qu'il pût y avoir rien de plus doux et de plus honorable sur la terre. Mon frère me regardait avec tant de reconnaissance et d'attendrissement, que je croyais n'avoir pas encore assez fait pour lui; et la mère d'Eustache, qui n'ignorait pas le service que j'avais rendu à son fils, me le recommandait avec tant de confiance, que j'en étais presque aussi confus que pénétré. O mes amis! que ces souvenirs ont de charme encore aujourd'hui! Cher Eustache, j'étais déjà ton ami, ton frère d'armes; je promis à ta mère de l'être toujours. Si elle nous voit réunis ici, elle doit être contente.

» Au lieu de nous coucher, nous passâmes à veiller tous ensemble le reste de la nuit. Mon père me répéta verbalement ses tendres et sages conseils. Malgré toute sa fermeté, il ne fut pas maître de ne point les entremêler de tristes réflexions qui faisaient verser bien des larmes à la mère d'Eustache; enfin le jour parut et nous avertit qu'il fallait se séparer. Je n'essaie pas de vous peindre nos adieux. Mon digne père, dont le vénérable visage était décomposé, reprit cependant en apparence toute sa force, et répéta ce qu'il m'avait dit à notre première séparation : «Allez, » soldats français, allez suivre votre dra- » peau! Mon fils, ajouta-t-il, tu emportes » la bénédiction de ton père, elle porte » toujours bonheur. — O mon fils! s'écria » la mère d'Eustache; je te bénis aussi; » mon cher fils, je te reverrai; assure-moi » que tu reviendras fermer les yeux de ta » mère.— Allons, mes enfans, reprit mon » père, allons, l'honneur vous appelle, il » faut se rendre à son devoir, il faut se » quitter. — Sois heureux, dis-je à mon » frère; prends soin de Marie et de notre » père.» Il ne put me répondre. Les derniers embrassemens furent étroits, et nous nous séparâmes.

» Je n'ai plus rien à vous dire, mes amis, sur le reste de notre voyage jusqu'à Brest; nous arrivâmes à ce port magnifique. Je n'avais jamais vu la mer. Je ne saurais exprimer l'impression que fit sur moi ce spectacle imposant : c'était de l'admiration, de l'extase et de la tristesse tout à la fois. Cette vaste étendue d'eau; cette terre que j'imaginais au loin comme on se fait l'idée d'une autre vie; cette flotte qui devait nous y transporter; l'appareil majestueux de ces bâtimens qui se balançaient avec une gravité silencieuse; les cris nouveaux et inconnus des matelots; cet air de fête au milieu des menaces de la guerre; il me semble que je désirais d'être embarqué, et je ne saurais pourtant l'affirmer. J'étais enfin comme un homme bercé par un rêve, qui oublie et qui se souvient tout à la fois.

» Le général de Rochambeau était à Brest, et couchait déjà à bord du vaisseau amiral. Il descendit pour passer en revue les différens corps qui devaient combattre sous ses ordres. Peu de jours après nous fûmes embarqués; les voiles se déployèrent, nous sortîmes majestueusement de la rade; nous saluâmes le fort qui nous rendit notre salut, et bientôt notre patrie s'effaça derrière nous.

» Nous nous attendions à être vivement contrariés dans notre traversée par les Anglais, et nous fûmes très-étonnés de voir que notre flotte rencontra peu d'obstacles. La frégate à bord de laquelle se trouvait notre régiment fut cependant dans le cas d'échanger quelques coups de canons et même de faire le coup de mousquet. Je me battais pour la première fois, et c'était dans un combat naval. Je fis de mon mieux, mais je dois avouer que le premier moment me causa quelque émotion; au reste, cela ne dura pas long-temps, et je m'y accoutumai promptement. Je ne crois pas beaucoup à la parole de ceux qui prétendent n'avoir jamais eu peur : on ne se défend guère de cela la première fois; mais on n'en fait pas moins son devoir, et c'est là le courage; puis ensuite, on voit que tous les mousquets ne portent pas; ce courage devient une habitude, et elle est commune chez les Français. J'ai connu de bien bons soldats qui étaient un peu pâles au premier feu. Qu'y avait-il à leur dire, puisque cela ne les empêchait pas de bien se battre?

» Eustache et moi nous fîmes honorablement notre apprentissage. La traversée, du reste, fut facile et assez paisible; et enfin, au bout de trente-quatre jours, nous mouillâmes au port de ****, où nous fûmes accueillis comme des frères et des libérateurs. »

SEPTIÈME JOURNÉE.

Les tableaux des victoires ; Rencontre heureuse dans un réfectoire. — Conduite des Français en Amérique ; Action d'éclat ; Un grenadier porte-drapeau.

« Il n'y a pas moyen d'aller ce matin fumer notre pipe sur l'esplanade, dit Eustache en abordant Pierre Giberne ; il fait un temps du diable : qu'allons-nous faire ? Vas-tu encore aller à la bibliothèque et me laisser tout seul ? — Oh ! oh ! monsieur Eustache, la bibliothèque vous tient au cœur ; eh bien ! on n'y ira pas ; on aura l'honneur de vous tenir compagnie. — Ecoute donc, j'ai été toute ma vie un ignorant, et je suis trop vieux pour apprendre. Il faut te contenter de ton ami tel qu'il est. — Et aussi ne voudrais-je pas le changer contre un docteur qui aurait ses deux jambes. Touche là, mon vieux. »

Comme ils parlaient ainsi, ils se trouvèrent à la porte d'un réfectoire et y entrèrent. Il y avait, dans cette vaste salle, un homme à moustaches, décoré de plusieurs ordres, qui visitait avec sa famille l'hôtel des Invalides. Cette société était conduite par une espèce de Cicérone, comme il s'en trouve à la porte de tous les établissemens publics de la capitale. Ce Cicérone voulait expliquer tant bien que mal les sujets des divers tableaux représentant les victoires remportées sous le règne de Louis XIV, qui décorent cette galerie. « Voilà, disait-il, le siége de Maestricht. Ce jeune officier de grenadiers, qui s'élance dans la tranchée, est devenu depuis le fameux maréchal de Saxe... » Pierre Giberne avança d'un pouce sa lèvre inférieure, et l'interrompit en disant : « Sans manquer de respect à monsieur, mon enfant, tu ne sais ce que tu dis ; si le maréchal de Saxe était au monde lors du siége de Maestricht, ce que je ne crois pas, il n'était au moins qu'un *gamin*. C'est le maréchal de Villars dont tu veux parler. Ce n'est pas que l'un ne vaille bien l'autre ;

mais enfin il faut dire les choses comme elles sont. Il commençait à faire des siennes de bonne heure, ce Villars; aussi Louis XIV disait-il qu'on *voyait partout ce petit garçon*. Joli petit garçon, ma foi. Tenez, messieurs et mesdames, le voilà encore à la bataille de Senef, où le grand Condé remporta la victoire. (En prononçant le nom du grand Condé, Pierre Giberne ôta son chapeau.) Ce fut là que ce petit Villars, qui avait une tête de feu, s'écria au moment où le grand Condé fit sonner la charge et tira son épée: *Ah! voilà donc ce que j'ai tant souhaité, je vois le grand Condé l'épée à la main.* (Pierre Giberne ôta encore son chapeau.) Mais le petit garçon devint grand garçon, et vous le voyez ici gagnant la bataille de Fridlingen; là, celle de Hochstet. Ici, vous le voyez occupant le camp de Sirk et donnant du fil à retordre au fameux duc de Marlborough; enfin, au moment où l'on désespérait du salut de la France, le voilà, ce même Villars, triomphant à Denain, avec une poignée de braves, de l'armée du prince Eugène, et sauvant sa patrie par une seule victoire. Honneur et respect à jamais au guerrier qui sauve son pays! Ah! il y a de fameux hommes dans ces tableaux. Voyez-vous ce petit bossu? ce n'est que le maréchal de Luxembourg. S'il était bossu, il roulait joliment sa bosse. Ce fut lui qui aurait consolé la France de la perte du grand Turenne, si l'on se consolait de la perte d'un si grand homme. Le prince Guillaume de Prusse, toujours battu par lui, disait en enrageant : *Ne battrai-je donc jamais ce bossu?* On rapporta ce propos au maréchal de Luxembourg, qui s'écria : *Comment le sait-il? il ne m'a jamais vu par derrière.* Qu'est-ce que Guillaume avait à répliquer à cela?... Marsaille! Oh! oh! en voilà un dont on garde le souvenir dans cette maison; Catinat! l'un des plus grands capitaines et peut-être le plus honnête homme de son temps. Il venait souvent visiter ici ses vieux compagnons d'armes qui l'appelaient le *père la Pensée.* Un jour il y amena un enfant qui l'avait prié de lui faire voir les Invalides. A l'arrivée du maréchal, la garde se met sous les armes, les tambours battent, chacun s'écrie : *Voilà le père la Pensée; vive le père la Pensée!* L'enfant était effrayé de ce mouvement. « Rassure-toi, lui dit-il, ce » sont des marques d'amitié que me don- » nent ces braves gens. » Il le conduit partout, et à l'heure du repas il entre au réfectoire où chacun se lève et met chapeau bas. Le maréchal demande un verre pour lui et pour son jeune compagnon. « *A la santé*, dit-il, *de mes vieux camarades!* Et les vieux camarades de crier, de trépigner, de s'embrasser. Le pauvre maréchal fut obligé d'essuyer ses yeux, en se retirant tout attendri de l'amour et du respect qu'on lui montrait si bien du fond du cœur.... »

Il me faudrait faire l'histoire de tous les grands personnages du règne de Louis XIV, si je voulais suivre jusqu'au bout Pierre Giberne dans son discours; et cela me ferait oublier que c'est la sienne que j'ai entrepris de vous raconter, mes chers lecteurs. Des auteurs plus habiles que moi ont écrit l'histoire de ces grands hommes, et vous feront connaître, si vous lisez leurs ouvrages, les Condé, les Turenne, les Vendôme, les Catinat, les Villars, les Vauban, les Chevert, les Créqui, les Luxembourg, et ce fameux amiral Duquesne qui fit respecter son pavillon sur toutes les mers. Pour moi, je n'ai la prétention d'écrire que l'histoire d'un simple sergent, brave et honnête homme, l'honneur de son grade; et je suis trop heureux si elle vous intéresse. Toujours est-il que le Cicérone n'était pas fort content de la rencontre de Pierre Giberne, qui lui avait coupé la parole. Il craignait, fort mal à propos, que cela ne lui fît perdre une partie de sa petite rétribution, et murmurait tout bas en faisant la grimace. Quant à l'homme décoré, il écoutait Pierre Giberne avec autant de plaisir que d'étonnement. Lorsque celui-ci eut enfin terminé son long discours, le premier lui dit : « Je vous fais compliment, mon brave, sur votre instruction; il faut que vous ayez eu du goût pour l'étude. — Je le crois bien, dit Eustache, il est continuellement fourré à la bibliothèque. — Eh bien! vous ne devez guère connaître l'ennui. — Pas du tout, monsieur.

— C'est bien, c'est très-bien. Je dois vous remercier pour moi et pour ma société. Adieu, mon brave, touchez là. » Pierre Giberne lui donna la main, et dit : « Vous êtes militaire, monsieur; puis-je sans indiscrétion savoir quel officier m'a fait l'honneur de m'écouter si long-temps, et de me donner une poignée de main? — Le comte de ****, capitaine-commandant au deuxième de la garde royale. — Au deuxième de la garde royale! Mon commandant, connaîtriez-vous un caporal nommé l'Assurance? — Vraiment oui, il est dans ma compagnie, et je n'ai que du bien à en dire; brave et honnête militaire, personne plus que lui n'est attaché à ses devoirs, et ne les remplit avec zèle. C'est un ancien soldat qui a fait ses preuves à la guerre, et qui se conduit très-sagement en garnison. — Ce que vous me dites me fait plaisir, mon commandant, et j'espère, d'après cela, que vous voudrez bien lui accorder une permission pour venir voir ici un de ses vieux amis qui est malade. — Très-volontiers, et cela sera d'autant plus facile que le régiment, qui est en ce moment à Versailles, vient dans trois jours prendre le service à Paris. Comptez sur moi, mon brave, je vous l'enverrai de suite. — Infiniment reconnaissant, mon commandant. — Je suis charmé de vous être agréable. — C'est trop d'honneur pour moi. — Adieu, mon brave. — Respect, mon commandant et mesdames. »

Revenons bien vite maintenant au récit de Pierre Giberne.

« Il est glorieux pour des militaires, continua notre narrateur, d'imposer et d'inspirer le respect aux ennemis de leur pays; mais il est doux et flatteur d'être accueilli avec honneur et reconnaissance par un peuple ami que nos armes protégent. Oh! quelle jouissance j'éprouvai, en voyant le nom français honoré et béni de l'autre côté de la terre! Comme mon cœur palpita en voyant les étendards français salués respectueusement à deux mille lieues de la France! Que j'étais fier de mon titre de Français! Français! nom glorieux! France! nom chéri! O ma patrie! tes enfans les plus dévoués ne peuvent savoir encore combien tu mérites leur amour, s'ils n'ont jamais vécu sur une terre étrangère, et tourné de loin leurs yeux vers toi; s'ils n'ont pas regretté ton doux séjour, s'ils n'ont pas aspiré à te revoir, s'ils n'ont pas vu l'effet que produit ton nom sacré sur les autres peuples!

» Les Américains, en nous voyant paraître, ne doutèrent plus de la victoire. On prit tous les soins possibles pour ne nous laisser manquer de rien. Les vivres étaient abondans; nous étions bien payés. C'était à qui accueillerait les Français; et les dames américaines surtout étaient, à leur égard, d'une politesse et d'une amabilité particulières. Mais nous n'étions pas venus pour nous divertir, et les Anglais ne se proposaient pas de nous en laisser le temps. La campagne s'ouvrit bientôt pour nous. Je ne vais pas m'amuser à vous faire des descriptions de batailles, vous savez assez ce que c'est; cela marchait chaudement. Il y avait une ardeur admirable chez les Américains, et ils se battaient, ma foi, aussi bien que nous. Les Anglais étaient enragés et tenaient comme des diables. Je ne sais pas, mais je crois qu'ils nous en ont furieusement voulu de nous être mêlés de cette affaire. Quoi qu'il en soit, nous donnions de fiers coups d'épaule à nos alliés. La discipline la plus sévère était établie et maintenue dans nos corps, et l'on y punissait rigoureusement la faute la plus légère. Il y eut, au reste, peu d'exemples à faire; et je me souviens seulement d'avoir vu condamner à mort et fusiller sur-le-champ un grenadier, pour avoir maltraité la famille d'un habitant, après avoir exigé d'elle ce qu'il ne conviendrait pas même d'exiger en pays ennemi. Peu de soldats encoururent des punitions; mais le nombre des actions honorables fut grand. Chaque Français paraissait animé du désir d'inspirer une haute idée de sa nation. Il n'y avait pas, dans les régimens, jusqu'aux tambours qui ne brûlassent de se distinguer, et quand on a cette envie, on peut la satisfaire dans tous les postes; c'est aussi ce qui arriva. Je pourrais vous citer une foule de traits glorieux dont nous fûmes les témoins, ou qui nous furent rapportés par nos camarades. Ici, c'est un escadron qui enfonce une colonne anglaise; là, c'est un bataillon de trois à quatre cents hommes qui soutient sans s'ébranler une charge terrible d'un régiment de dragons. Une autre fois, c'est un capitaine d'avant-garde, qui, avec une poignée d'hommes, impose à tout un corps, lui fait mettre bas les armes, et le ramène prisonnier. Vous avez tant vu de ces choses-là, que vous savez tout ce que je pourrais vous dire; mais il faut que je vous conte un trait particulier qui vous intéressera.

» Nous étions sur le point de passer une rivière, et nous avions l'ennemi en face de nous qui se disposait à nous arrêter. Un grenadier de notre compagnie, voyant flotter le drapeau anglais sur la rive opposée, se sentit une démangeaison de s'en emparer. «Mon capitaine, dit-il, voulez-vous
» permettre que je vous apporte ce drapeau? — Toi seul! tu n'y penses pas; tu
» seras tué ou noyé avant d'être à moitié
» chemin. — Pourvu que ce ne soit qu'en
» revenant, cela ne dit rien ; je vous en prie,

» mon capitaine. — Si tu en as tant d'en-
» vie, va. » Le grenadier ne se le fait pas
dire deux fois, il s'élance, traverse la rivière sans obstacle. Arrivé à l'autre bord,
il fond sur le drapeau au travers des baïonnettes et des sabres; il parvient à enlever
son trophée; tout couvert de blessures, il
se jette à la nage, et tenant d'une main le
drapeau qu'il agite au-dessus de sa tête, il
fend le fleuve au milieu des balles qui sifflent
autour de lui, et des applaudissemens qui
retentissent de notre côté.

« Voilà, mon capitaine, s'écria le brave
» en reprenant pied et étendant son dra-
» peau, voilà! Ils ne m'ont fait que des
» égratignures, et ce que je leur ai pris
» valait mieux que cela. Vive le Roi! » Le
capitaine l'embrassa et lui dit : « Grenadier,
» vous présenterez vous-même ce drapeau
» au colonel. Quelle récompense désirez-
» vous que je demande pour vous? — Au-
» cune, mon capitaine; je sens que je suis
» bon soldat, et je ne vaudrais peut-être
» rien pour commander. Je suis assez ré-
» compensé si j'obtiens l'estime de mes

» supérieurs et l'amitié de mes camarades. »

» Savez-vous, mes amis, quel était ce grenadier? vous le voyez devant vous; c'était mon brave Eustache. Je ne m'étais pas trompé en augurant bien de lui. Intrépide soldat! Il perdait du sang; on l'emporta pour panser ses blessures qui n'étaient pas dangereuses. Il passa dans les lignes en tenant son drapeau, et arriva près du colonel auquel il le remit. « Je sais, lui dit le
» colonel, que tu ne veux pas de récom-
» pense, et moi je prétends que tu reçoives
» celle qui te convient le mieux. Ordinaire-
» ment, c'est un sous-officier qui porte le
» drapeau; eh bien, je le donne à ta com-
» pagnie, et c'est à toi, jeune grenadier,
» que je le confie; je suis sûr qu'il sera bien
» gardé. — Mon colonel, tant qu'il me
» restera une goutte de sang, il est en
» sûreté. »

» L'audace de notre camarade avait imposé aux Anglais, mais elle leur avait inspiré un violent désir de vengeance. Le passage fut vivement défendu. Cependant nous l'emportâmes et nous restâmes maîtres de la position que l'ennemi avait occupée.

» Aussitôt qu'Eustache fut rétabli, le colonel voulut passer une revue, dans laquelle mon ami figura comme porte-drapeau. Aucun sentiment de jalousie ne se manifesta à ce sujet, car tout le régiment avait applaudi à son action, et applaudit aussi à cette honorable récompense. Pour moi, je n'étais pas le dernier à m'en réjouir; et combien je m'applaudissais d'avoir conservé à mon Roi un soldat aussi valeureux! Cependant je ne pouvais me défendre de faire quelques réflexions que je voulus exprimer à Eustache.

« Mon ami, lui dis-je, tu as fait une
» grande action, dont tu es récompensé
» de la manière la plus flatteuse pour un
» militaire. J'en suis peut-être plus heureux
» que toi, et pourtant si j'eusse été ton ca-
» pitaine, je ne t'aurais pas permis de faire
» ce que tu as fait. Il faut qu'un soldat soit
» toujours prêt à se sacrifier, à se dévouer,
» lorsque son devoir l'exige, lorsque l'hon-
» neur lui commande d'affronter même une

» mort certaine ; rien ne doit l'arrêter alors,
» et c'est là la véritable bravoure. Mais
» aller s'exposer sans nécessité, sans utilité
» même, braver seul un régiment tout en-
» tier, quand le salut de ses camarades
» n'en dépend pas, quand cela ne doit pas
» servir efficacement la cause que l'on dé-
» fend, c'est de la témérité, et la témé-
» rité ne passe qu'après la valeur sage et
» le courage réfléchi. Tu as réussi, cela est
» à merveille, et bien heureux pour toi et
» pour ton ami; mais si tu eusses succombé,
» comme cela était très-probable, quel bien
» en serait résulté pour tes frères d'armes?
» Cela me fait penser au dévouement de ce
» grenadier, qui fut chargé par Chevert
» d'aller tuer une vedette. — *Tu vas avan-*
» *cer*, lui dit Chevert, *jusqu'à vingt pas de*
» *la vedette. — Oui, mon général. — Elle*
» *criera qui vive! tu ne répondras pas.—*
» *Oui, mon général. — Elle tirera sur toi*
» *et te manquera.—Oui, mon général.—*
» *Tu t'élanceras, et tu auras le temps de*
» *la tuer. — Oui, mon général. — Mais on*
» *arrivera et on te tuera. — Oui, mon gé-*

» *néral.* Il alla tuer la vedette et se faire
» tuer; voilà un dévouement utile! — Je
» pense comme toi, s'écria Eustache; mais,
» mon ami, j'avais encore sur le cœur mes
» idées de désertion; tu n'as pas voulu que
» je me battisse en duel. Il ne me suffisait
» pas de combattre comme tous les autres
» pour laver le souvenir qui me pesait. Il
» me fallait une occasion extraordinaire; je
» l'ai cherchée, et si j'avais succombé, ç'au-
» rait toujours été beaucoup pour moi,
» d'avoir donné une preuve certaine de
» courage et d'intrépidité. » Je sautai au
cou de mon bon Eustache, et l'embrassai
avec admiration. — « Allons, lui dis-je, tu
» as raison, tu as bien fait. Je n'avais pas
» besoin de cette épreuve pour te connaître,
» mais elle me flatte, elle m'honore comme
» si tu étais mon frère, et tes sentimens va-
» lent mieux que tous les raisonnemens du
» monde. »

Une petite pluie qui survint força nos vieux braves à chercher un abri sous le toit d'honneur, et à remettre au lendemain la suite de la narration de Pierre Giberne

HUITIÈME JOURNÉE.

Naissance du duc de Bordeaux ; Allégresse générale aux Invalides. — Pierre Giberne se signale par une action aussi utile qu'éclatante ; Il est fait caporal ; Bataille ; Victoire ; Paix.

C'était le 29 de septembre. Au point du jour le canon retentit ; tous les braves endormis se réveillent en sursaut et se mettent sur leur séant. Écoutez ! dix, onze, douze..., treize ! Vive le Roi ! vive l'enfant de la France ! C'est un prince ! le duc de Bordeaux vient de naître !

Depuis plusieurs jours on attendait avec anxiété ce signal. Un épouvantable forfait avait attaqué dans sa dernière racine l'arbre auguste dont l'ombrage salutaire préserva tant de fois notre sol des orages. Le dernier des fils de France avait succombé sous un coup atroce, et la France avait pleuré sur elle-même, en pleurant sur ses rois. O Providence! un rejeton de cette tige illustre existe encore, échappé aux fureurs du crime; rejeton incertain, puisque les décrets du ciel sont impénétrables à l'homme, mais objet précieux de vœux et d'espérance. Une jeune princesse, modèle de courage et de vertu, trouve dans le sentiment de ses devoirs assez de force pour supporter la plus horrible des catastrophes, et le plus douloureux veuvage. Veuve et mère, entourée d'un funèbre appareil; sensible et délicate, mais supérieure par sa fermeté aux douleurs du corps comme à celles de l'âme, elle met au monde un enfant dont la naissance ressemble à un prodige. Quel est cet enfant? La France attend, le peuple, l'armée interrogent : le bronze répond; le treizième coup de canon a retenti; Bourbon renaît! Peuples, livrez-vous à la joie.

Vieux guerriers! d'où naissent ces émotions, ces transports qui vous agitent? Pourquoi suspendre votre repos? Pourquoi vous élancer, accourir auprès de ces canons, porteurs de l'heureux message? Pourquoi vous embrasser les uns les autres? Pourquoi ces cris, ces témoignages d'allégresse? Que vous importe cet enfant royal? Vous ne verrez pas son règne, vous ne combattrez pas pour lui, vous avez parcouru votre carrière, vous êtes, en un mot, aux Invalides.... Ah! vieux et honorables soutiens de la patrie, tant qu'il vous reste assez de sang pour faire battre votre cœur, ce cœur bat pour elle et pour ses princes. Comment n'aimeriez-vous pas ce que vous avez si long-temps servi? ne vous ai-je pas vu gémir de votre impuissance et tenter un dernier effort dans des temps de désastres? La force manque à vos bras fatigués, pour servir encore votre pays; mais son bonheur, sa sécurité sont le vœu de votre vieillesse. Le guerrier qui succombe dans un combat meurt avec joie, s'il voit la victoire assurée aux armes de son pays; et vous, braves gens, vous dites aussi que vous mourrez contens après avoir vu cette victoire remportée sur le crime et sur l'adversité.

Quel noble et touchant spectacle que cette allégresse vive et franche, excitée par le bonheur public, chez des hommes qui ont tout sacrifié à leur pays et n'ont plus ici-bas d'intérêts que ceux de leurs concitoyens! Tel était le tableau que présentait l'hôtel des Invalides. Il semblait que les amputés eussent retrouvé leurs jambes, que les aveugles eussent recouvré la vue. Dans leur délire, le regret de ne pouvoir offrir encore leurs services au jeune prince se changeait en espérance, et ils croyaient revenir au temps de leurs premières armes. «Il s'appellera Henri, disait-on; ce nom-là est de bon augure. Allons, allons, mes amis, réjouissons-nous.» Les cantiniers de de l'hôtel firent une bonne journée; il fallait bien boire à la santé du prince nouveau-né. Ceux qui avaient de l'argent payaient pour ceux qui n'en avaient pas, et ce jour-là, tout était en commun comme la joie.

«Vois-tu, dit Pierre Giberne à Eustache, cet heureux événement a ramené le beau temps; voilà le soleil qui dissipe le brouillard. Veux-tu venir voir ce qui se passe autour des Tuileries?—J'allais te le proposer.» Voilà nos deux amis en marche; Eustache s'appuyant sur le bras de Pierre

Giberne. Ils vont se mêler à la foule qui entourait le château et faisait retentir l'air de ses cris. En voyant ces deux figures respectables, une jambe de bois, un bras amputé, et l'uniforme des Invalides, on leur faisait place et l'on semblait même veiller sur eux, avec un intérêt également honorable pour ceux qui le sentaient et pour ceux qui l'inspiraient. Tous les rangs, tous les ordres, tous les âges étaient confondus dans la foule qui inondait les jardins et la vaste place du Carrousel. La garde nationale, la sœur de l'armée, se félicitait d'avoir été appelée à constater la naissance de l'enfant royal. La Providence avait voulu que cet enfant, en entrant dans la vie, fût ainsi offert à la nation, et que le pacte d'union entre elle et lui fût sanctionné dès la première heure de son existence.

Le jeune prince parut derrière une croisée du château, dans les bras de sa nourrice; et le peuple, à cette vue, redoubla ses cris d'allégresse, qui furent répétés au loin par ceux même qui n'avaient pu l'apercevoir.

« Me voilà content, dit Pierre Giberne en

tirant de sa poche son mouchoir bleu pour essuyer ses yeux humides ; me voilà content. Je ne le reverrai peut-être pas, mais je l'ai vu une fois. Pauvre enfant ! que le ciel veille sur toi et te protége ! Nous savons trop que l'adversité des rois est aussi celle des peuples. Crois pour la France, enfant précieux, pour cette France qui aime ses princes ; crois pour sa sécurité et pour son bonheur. Que d'espérances reposent sur cette tête fragile ! Ô cher enfant, je te bénis ! je suis bien peu de chose, mais la bénédiction d'un vieillard ne fait de mal à personne, et les bénédictions des sujets portent bonheur aux princes. »

Pierre Giberne et Eustache se retirèrent, vivement émus de la scène tumultueuse et attendrissante dont ils venaient d'être témoins. Ils rentrèrent aux Invalides pour l'heure du dîner. A chaque table, des toasts furent portés au Roi, au nouveau-né, à sa courageuse mère et à toute la famille royale. Enfin le moment de la réunion de tous les jours étant arrivé, Pierre Giberne s'y rendit comme de coutume. On parla long-temps de l'événement qui occupait tous les esprits ou plutôt tous les cœurs. Pierre Giberne paraissait ne plus songer à la suite de son récit. Il se rendit pourtant à la prière de ses amis, en le reprenant de la manière suivante :

« Peu de temps après l'aventure d'Eustache, j'eus le bonheur de trouver une occasion de me distinguer à mon tour. Je faisais partie d'un détachement qui avait été envoyé en avant pour reconnaître le pays. Nous avions bivouaqué paisiblement; et le jour ne devait pas tarder à paraître. Je m'étais écarté seul jusqu'à une petite distance des sentinelles avancées. J'entends un coup de fusil; j'accours, c'était la sentinelle qui avait tiré pour donner l'alarme. Elle me crie : « Là, là, au détour du bois; j'enrage » de la consigne qui me défend d'y aller. » Je mets le sabre à la main et je m'élance. Un officier français était assailli par six hommes; son cheval était tué, et lui se défendait vaillamment, en criant : *A moi, France!* Je tombe comme la foudre sur ses adversaires. En un instant deux sont ren-

versés à nos pieds; nous nous réunissons pour faire tête aux quatre autres. Je venais d'en mettre un troisième hors de combat, lorsque je reçois sur le front ce joli coup de sabre dont vous pouvez voir encore la marque. Je chancelai, mais je ne tombai pas. Celui qui m'avait frappé n'eut pas le temps de redoubler; l'officier lui avait fait son affaire. Il n'en restait plus que deux, qui prirent la fuite lorsqu'ils entendirent qu'on venait à notre aide. Il était temps : l'officier affaibli par les blessures dont il était couvert n'aurait pu se défendre long-temps, et moi j'étais près de m'évanouir, perdant une quantité considérable de sang qui inondait mon visage. « Mes amis dis-
» je, achevez de sauver cet officier.—Qu'on
» me porte, dit-il, dans un lieu où je
» puisse recevoir promptement les secours
» les plus nécessaires : il faut que je me
» rende sans retard auprès du général. Gre-
» nadier, ajouta-t-il en s'adressant à moi,
» je veux que tu saches au moins tout le
» mérite de ton action. Je suis le colonel
» de ****, aide-de-camp du général en chef;

» je lui apporte la réponse de Washington
» à une dépêche que j'avais été chargé de
» remettre à ce général. Sans toi j'étais per-
» du, et mes ordres tombaient entre les
» mains de l'ennemi. — O France ! m'é-
» criai-je, retrouvant une force momen-
» tanée, ce jour est le plus beau de ma
» vie ! » Je perdis connaissance et l'on m'emporta.

» Ma blessure était grave, mais les prompts secours que je reçus me mirent en peu de jours hors de danger. Le bonheur que j'éprouvais hâtait ma convalescence, et bientôt je fus en état de reprendre les armes et de rejoindre mon régiment. Lorsque je me présentai à mon capitaine, il me salua en disant : « Bonjour, caporal
» Giberne. — Comment, mon capitaine ?
» — Oui, caporal Giberne, nous sommes
» très-contens de revoir en bonne santé un
» brave comme vous. Allons, vite, les ga-
» lons sur ces manches. — Mon capitaine,
» ce que j'ai fait méritait-il...? — Il fallait
» bien que cela méritât, puisque le colonel,
» aussitôt qu'il en a été informé, a fait met-

» tre votre action à l'ordre du jour, et que
» vous avez été sur-le-champ nommé ca-
» poral. — Eh bien, mon capitaine, je ne
» suis pas le seul qui ait mérité. La senti-
» nelle avancée qui a donné l'alarme en-
» rageait de ne pouvoir quitter son poste,
» et.... — Je le sais, elle a respecté sa con-
» signe, et j'ai aussi rendu compte de cette
» sage et prudente conduite. Aucun motif
» ne doit éloigner de son poste une senti-
» nelle qui veille à la sûreté commune.
» Elle s'exposerait autrement à tomber
» dans des piéges, et à compromettre le salut
» de tout un corps, et peut-être, par suite,
» d'une armée entière. La modération est
» quelquefois un dévouement aussi-bien
» que la valeur, et elle est également digne
» de récompense. La première place de ca-
» poral est promise à ce sage et brave sol-
» dat. — Cela me fait plaisir, mon capi-
» taine, car je sens combien il a dû lui en
» coûter pour ne pas m'accompagner. Je
» vous remercie pour lui et pour moi, mon
» capitaine. »

» Dieu sait avec quelle joie Eustache et

moi nous nous embrassâmes! Il voulut m'attacher lui-même mes galons de caporal. Je fus ensuite présenté au colonel, mais vous me dispenserez de vous répéter les éloges qu'il voulut bien faire de ma conduite et de l'importance du service que j'avais rendu.

» Nous étions alors au plus fort de la guerre; cependant, je ne m'étais pas encore trouvé dans une affaire générale. Au moment où je revins au régiment, les armées étaient en présence, et l'on s'attendait chaque jour à livrer la bataille. Enfin, un matin avant le point du jour, les trompettes et les tambours se font entendre, tout prend les armes, de grands mouvemens s'opèrent, les lignes se forment et s'étendent, le canon retentit, les colonnes s'ébranlent; on marche, on se rencontre, le feu de mousqueterie roule rapidement. Les rangs s'éclaircissent et se resserrent aussitôt. Des deux côtés le choc est égal, et il est soutenu de part et d'autre avec la même force et la même intrépidité. Pendant plus de cinq heures, les avantages se balancent, et l'on ne peut prévoir le résultat de la bataille. Nos batteries étaient bien placées et faisaient un ravage terrible dans les rangs ennemis. Mais les Anglais en avaient une qui faisait un feu soutenu sur notre aile gauche, où combattaient des régimens américains, et qui allait la forcer de plier. Le général fait marcher un régiment sur la position de cette artillerie, pour l'enlever à la baïonnette. Nos Français se précipitent avec leur impétuosité accoutumée. Le feu le plus désastreux ne peut les arrêter; deux fois ils sont repoussés, deux fois ils s'élancent de nouveau; la position est forcée, et la batterie enlevée à l'ennemi. Aussitôt notre aile gauche se rallie, s'étend, et enveloppe le flanc de l'armée anglaise. La charge sonne: notre cavalerie de réserve s'avance, fraîche, prompte et terrible; le centre est enfoncé, le désordre se met dans cette armée si long-temps inébranlable, et dans peu d'instans sa déroute est complète.

» O mes amis, vous vous souvenez comme moi du premier jour où, dans une affaire décisive, vous avez vu les armes de votre patrie victorieuses. Quelle ivresse, grand Dieu! Quel moment de bonheur et de délire! Quelle joie de voir l'ennemi précipiter sa fuite, poursuivi par vos cris de *Victoire! Victoire!* Oh! comme ce mot résonne délicieusement dans une oreille française! Vous rappelez-vous comme les drapeaux flottent noblement, comme la musique est éclatante, comme les sons de la trompette sont fiers et joyeux! Tout semble répéter à la fois *Victoire!* l'air est rempli de ce mot, et les cœurs en sont enivrés.

» Le succès important de cette journée ne laissa plus de doutes sur l'issue de la guerre. Cependant elle se prolongea encore; les Anglais ne pouvaient se résoudre à abandonner leurs prétentions sur l'Amérique, et il fallut de nouveaux échecs pour les contraindre à traiter de la paix. Je n'entrerai pas dans tous ces détails qui ne seraient que des répétitions inutiles. Je ne veux pas d'ailleurs vous tenir trop long-temps éloignés de notre chère France. Je vous dirai donc seulement qu'après une suite de succès obtenus par les armes des Américains et par les nôtres, la paix fut enfin conclue en 1783, et l'indépendance de l'Amérique reconnue par l'Angleterre. Alors s'offrit à nous la douce perspective de revoir notre patrie. »

« Oh! oh! dit un invalide en interrompant Pierre Giberne, voilà qu'on allume les lampions pour l'illumination. — Vraiment, répondit Giberne, cela veut dire que nous avons passé du temps à causer. Allons, à demain, mes camarades; car aussi-bien, pour aujourd'hui, il n'y a guère moyen de penser à autre chose qu'au bonheur qui vient d'arriver à la France. »

NEUVIÈME JOURNÉE.

Première promenade d'un convalescent. — Retour dans la patrie; Licenciement; Réunion de famille où il se trouve un petit personnage de plus; Visite; Amitié; Reconnaissance.

J'AI oublié, mes chers lecteurs, de vous dire le nom d'un personnage auquel peut-être vous avez déjà pris intérêt; je veux parler de notre bon invalide malade, dont je vous ai fait connaître le testament. C'est un oubli facile à réparer; il se nommait *Jean Bonbriquet*, portait quatre chevrons sur les manches de son habit, et sur sa poitrine, les épées croisées suspendues à un ruban blanc. Depuis le jour où il avait fait son testament, il s'était rétabli à vue d'œil. Enfin il lui fut permis d'aller faire une petite promenade au soleil de midi. Pierre Giberne et Eustache se chargèrent de le conduire. Pierre Giberne se mit à sa droite pour lui donner son bras gauche; Eustache lui donnait le bras de l'autre côté, de manière que sa jambe de bois se trouvait en dehors, et libre de tourner autour des pierres ou autres obstacles qui pouvaient se rencontrer sur la route. Tous trois s'acheminèrent ainsi sur les boulevarts des Invalides. C'était un tableau intéressant que ces trois vieux militaires, dont deux infirmes soutenaient un convalescent. On n'aurait pas plus de soin et de prévoyance pour un frère, que les deux premiers n'en avaient pour le troisième. « Nous allons trop vite. Ne te presse pas. Tu n'es pas encore fort, mais cela viendra. Au bout du compte, mon homme, nous ne sommes pas jeunes, mais il y en a de plus vieux que nous. Voilà une pierre de taille; asseyons-nous là au soleil. Heim? cela ravigote, qu'en dis-tu? — Oui, mes amis, oui cela fait du bien. Tenez, mes vieux camarades, c'est encore bon de ne pas vous avoir quittés, et je suis bien aise de n'être pas mort. On est toujours à temps d'en venir là. — C'est vrai, ce que tu dis, mon homme, et, comme dit le proverbe, *vaut mieux tard que plus tôt*... à moins que l'honneur cependant.... — Oh! celui-là, c'est le papa; quand il parle, il n'y a pas à tergiverser; et lorsqu'il se mêle de la partie, le plus tôt c'est le meilleur. L'honneur, mes amis, c'est tout; l'honneur! est-ce que nous avons quelque autre richesse, nous autres? — Tiens, et je dis que nous ne la changerions pas contre certaine d'une autre espèce. — Ce qu'il y a de bon, c'est qu'avec celle-là on ne craint pas les voleurs. — Ni les banqueroutes. — C'est vrai, c'est vrai. Et puis, comme dit la chanson :

J'ai tout dans l'cœur, rien dans l'gousset;
Et je n'crains pas qu'on m'dévalise.

— Bonne, bonne, la chanson. Ah! ça mais, dis donc, Jean, on nous a dit qu'il ne fallait pas rester trop long-temps dehors pour la première fois. Allons, allons, au poste; c'est le médecin qui est le capitaine aujourd'hui. — Tu as raison, il ne faut pas désobéir. Il ne pourrait pas me mettre à la salle de discipline; mais, là, une bonne médecine bien puante. — Pouah! il nous en donnerait peut-être aussi à nous. Rentrons, rentrons, mon vieux; je n'aime pas les médecines; et une batterie de soixante pièces ne me semble pas si terrible que la boutique d'un apothicaire. »

Nos braves rentrèrent, et ils eurent le plaisir de voir que la promenade avait ranimé le teint du malade, et paraissait lui avoir été salutaire. Pierre Giberne lui ménageait une surprise, et ne lui avait point parlé de sa rencontre avec le capitaine du caporal l'Assurance. Il passa, ainsi qu'Eustache, une partie de la matinée avec lui, et le soir, il continua ainsi son récit à ses compagnons rassemblés.

« Hier, mes camarades, je vous parlais du plaisir que cause le cri de victoire! Mais le mot de *paix*, avez-vous oublié les transports qu'il excite? La paix! plus de combats; le sang a cessé de couler; nous allons revoir notre pays, nos parens, nos familles, nos amis. Celui-ci pense à son vieux père qui l'attend; celui-là, à sa bonne mère, qui a tremblé pendant tout le temps qu'a duré la guerre; un autre à ses frères, à ses sœurs, à ses anciens camarades. Nous leur conterons nos aventures, nous en aurons long à dire. Que de bonnes soirées nous allons passer! Comme nous serons fiers de voir chacun nous écouter avec attention, nous demander ceci, nous faire répéter cela! Et celui qui doit revoir un tendre objet! L'absence ne l'aura-t-elle pas rendu infidèle? Oh! non, non, c'est impossible. Hum! ne jurons de rien. Cependant, il faut le dire, nos Françaises aiment les militaires; c'est une justice à leur rendre. Du moins, c'était comme cela de mon temps; et quoique je ne vous parle pas de ces choses-là, ce n'est pas que je n'aie trouvé quelquefois moyen de me distraire de la perte de ma chère Marie; mais je me le suis toujours reproché, je trouvais cela mal; et puis, d'ailleurs, quand on a passé les soixante-douze et qu'on a un bras de moins, cela ne va plus de parler d'amourettes.

» Lorsque la paix fut conclue, je ne songeai, pour ma part, qu'au bonheur de revoir mon père, la famille de mon frère et mon cher pays. Retrouverai-je mon digne père? me disais-je. Je lui avais écrit, mais je n'avais reçu aucune lettre de France. J'ai appris depuis que le vaisseau qui m'en apportait avait été pris par les Anglais. Il se mêlait à ma joie une crainte pleine d'amertume. Le bon Eustache pensait à sa mère et éprouvait les mêmes inquiétudes que moi.

» Au milieu de la satisfaction générale causée par la paix, il y avait cependant quelques soldats qui eussent préféré la continuation de la guerre. « Qu'allons-nous
» faire? disaient-ils; on va nous mettre en
» garnison ou nous licencier. Plus d'espoir
» d'avancement. Nous aurons le choix en-
» tre l'ennui ou la misère. » Il y en eut un qui me tint ce discours; voici ce que je lui répondis : « Parbleu, mon camarade, faut-
» il donc qu'on se batte et que l'on tue du
» monde pour le plaisir de vous être agréa-
» ble? C'est déjà bien assez qu'on ne puisse
» pas s'en dispenser dans certaines occa-
» sions. Pourquoi donc la garnison vous

» fait-elle peur? Croyez-vous qu'un soldat
» soit un homme inutile en garnison, et
» qu'il ne puisse pas y mériter de récom-
» pense, s'il se conduit bien? Est-ce qu'il
» ne faut pas une force armée dans l'inté-
» rieur d'un pays, pour y maintenir l'or-
» dre, pour protéger les citoyens, pour
» contenir les malfaiteurs, et pour faire
» voir aux voisins que les frontières sont
» gardées par de braves gens? Est-ce qu'il
» n'y a pas des travaux auxquels ils peu-
» vent être employés pour le bien général
» et où ils peuvent se distinguer? Est-ce
» qu'il n'arrive pas des désastres, des inon-
» dations, des incendies, dans lesquels ils
» peuvent secourir leurs compatriotes? Et
» pensez-vous que celui qui sauve un de
» ses concitoyens ne fait pas une aussi
» bonne action que celui qui tue un enne-
» mi? Mais vous avez peur aussi du licen-
» ciement. Eh bien! si vous êtes licencié,
» est-ce que vous ne pouvez-pas travailler
» et vivre honorablement, en attendant
» que le roi redemande vos services? On
» vient de créer ici l'ordre de *Cincinnatus*.

» Savez-vous ce que c'était que Cincinna-
» tus ? C'était un général, qui s'en allait
» gagner une bataille quand on l'en priait,
» et qui revenait tout paisiblement labou-
» rer la terre quand on n'avait plus besoin
» de lui à l'armée. Voilà un bon exemple
» pour nous autres qui ne sommes que
» des soldats. Quant à moi, si on me li-
» cencie, je me propose de le suivre ; et,
» pour finir mon sermon, faites en autant,
» c'est ce que je vous souhaite. » J'ai bien
peur que mon sermon n'ait eu le sort de
tant d'autres, mais je n'en avais pas moins
dit ma pensée, comme c'est ma coutume ;
et puis enfin, il faut toujours essayer de
faire le bien.

» Pour vous abréger les détails, messieurs, le moment vint de nous embar-
quer. Ce moment fut un peu différent de
celui où j'avais quitté la France. Avec quel
plaisir je regardais la mer ! Comme mon
cœur battit quand j'entendis le commandement de la manœuvre et que je vis les
voiles se déployer ! Eh bien, cependant,
je regardais avec une sorte de regret cette

terre de l'Amérique, et je ne me défendais pas d'un sentiment pénible en songeant que je ne la reverrais probablement plus jamais. Mais ce mouvement ne fut que passager, et l'idée de la France m'occupait trop, pour laisser place long-temps à d'autres pensées. Les forts Américains nous rendirent de grands honneurs. Les bâtiments dans le port étaient pavoisés et nous saluèrent tous. Il était aisé de voir que nous emportions beaucoup de reconnaissance. La traversée nous parut bien longue. Enfin le cri de *terre!* se fit entendre. Eustache et moi nous jetâmes dans les bras l'un de l'autre. « C'est » la France! nous écriâmes-nous; c'est la » France! mon père! ma mère! ma patrie! » O doux moment! nous ne pouvions rien apercevoir encore. J'aurais voulu monter dans la hune pour distinguer plus tôt la terre de mon pays. Peu à peu une espèce de brouillard parut devant nous; ensuite il se forma une masse à l'horizon; des pointes de montagnes se dessinèrent; enfin nous entendîmes le canon du fort et nous entrâmes dans cette rade de Brest, d'où nous étions partis avec des émotions si différentes.

» O mes amis, quel moment que celui où l'on embrasse le sol de sa patrie après une longue absence, après avoir traversé les mers! Patrie! nom magique! nom enivrant! Patrie! tout ce qui attache l'homme, tout ce qui l'émeut, tout ce qui l'agrandit, tout ce qui lui donne force, bonheur, courage, puissance, tout est dans ce mot. Guerriers! qui d'entre vous ne connaît le pouvoir de ce mot? Qui d'entre vous s'étonnera de me voir prosterné sur le rivage, baisant la terre avec transport, ivre de joie et de bonheur? C'était la terre de ma patrie!

» Comme l'avait prévu le soldat dont je vous parlais tout à l'heure, notre régiment fut licencié presque aussitôt après notre arrivée en France, et chacun de nous fut invité à retourner dans ses foyers, après avoir reçu les témoignages les plus honorables de satisfaction, et une gratification fort honnête.

» On s'embrasse, on se dit adieu, on se souhaite les uns aux autres santé et bonheur et chacun s'en va de son côté. Nous prenons Eustache et moi le chemin de la Normandie sans avoir écrit à nos familles, afin de les surprendre par notre arrivée. Le village d'Eustache n'était éloigné du mien que de deux lieues, en sorte que nous faisions route ensemble à peu près jusqu'au bout. Chaque objet que nous reconnaissions renouvelait les sentimens que nous avions éprouvés en revoyant la France. Nous arrivons à l'endroit où le chemin se divise en deux pour aller dans nos deux villages. Eustache prend à gauche, moi à droite, et je m'achemine seul vers le lieu de ma naissance.

» C'était le soir; déjà la nuit commençait à devenir sombre, lorsque je me trouvai devant la porte de la maison paternelle. Je pouvais à peine respirer. Je m'arrêtai involontairement, hésitant à entrer. Je ne sais ce qui me retenait.... Mon père.... Enfin, je me précipite, j'ouvre la porte... «Pierre! » c'est Pierre!... » Ma foi, mes amis, je ne sais ce qui se passa dans le premier moment; il y avait un brouillard sur mes yeux, je ne voyais rien, je n'entendais pas davantage, il me semblait bien qu'on me passait des bras des uns dans les bras des autres, mais pour moi je n'y étais plus.

» Cependant la connaissance me revint, et je me trouvai au milieu de tous ceux que j'avais quittés. Il n'y manquait personne; au contraire, je vis un berceau qui me fit juger que la famille était augmentée. Mon vieux père était au coin de la cheminée, dans son grand fauteuil et la jambe étendue sur un oreiller. Mon frère et Marie étaient debout des deux côtés de la chaise où je m'étais assis je ne sais comment. « Mon père, dis-
» je enfin lorsque la parole me revint, mon
» père! mon cher Julien! ma chère Marie!
» que c'est bon de vous revoir! — Hélas!
» dit mon vénérable père, je ne l'espérais
» pas; mais le bon Dieu a voulu m'accorder
» encore ce bonheur ici-bas, avant de me
» rappeler à lui. Que grâces lui soient ren-
» dues! Regarde-moi un peu. Sais-tu que
» tu as une belle décoration sur le front,
» monsieur le caporal? Mon fils, regarde
» ton vieux père; il ne sent plus sa goute,

» tant il est fier de ta gloire. J'ai reçu toutes
» tes lettres, mon enfant; elles nous ont
» fait pleurer de joie. Viens embrasser en-
» core ton père. » Je me jettai à genoux
devant lui et pressai ses mains sur mon
cœur.

» Pendant ce temps-là Marie avait ap-
porté un gâteau de pommes, un fromage,
une carafle de cidre et une bouteille de vin.
« Mon frère le caporal, me dit-elle, vous
» devez avoir besoin de vous rafraîchir,
» après la marche que vous avez faite. —
» C'est vrai, ma chère Marie; mais, avant, il
» faut que j'aie vu tout mon monde. Il y a
» quelqu'un là dedans, ajoutai-je, en mon-
» trant le berceau. — Tenez, tenez, voyez,
» s'écria-t-elle avec l'air du bonheur, c'est
» notre petit Pierre, c'est votre neveu, notre
» cher enfant, à qui nous apprendrons à
» vous aimer. — Le pauvre petit! qu'il est
» joli! — Oh! c'est bien autre chose quand
» il est éveillé. Vous verrez ses grands yeux
» noirs. » Je regardai l'enfant, Marie, mon
frère, avec un attendrissement que je ne
pourrais exprimer. « Allons, allons, me

» dis-je, ils sont tous heureux, et c'est mon
» ouvrage; soyons content. Voilà un enfant
» que j'adopte et dont je veux être le se-
» cond père. »

» Je me mis gaîment à table, mais j'eus toutes les peines du monde à manger, car alors le chapitre des questions commença, et je ne demandais pas mieux que d'y répondre. Il fallut raconter dans le plus grand détail tout ce qui m'était arrivé; mais vous pensez bien que ce ne pouvait pas être l'affaire d'une soirée, et il fut convenu que, les jours suivans, je procéderais par ordre à ma relation. Marie, les deux coudes appuyés sur la table et le menton dans ses mains, ouvrait ses grands yeux d'un air d'admiration, et puis de temps en temps les refermait, comme effrayée de mon récit. Mon père relevait sa tête chauve d'un air fier et satisfait, et à certains momens il la remuait en signe d'approbation. Pour mon frère, il regardait ma blessure et paraissait plein de reconnaissance.

» Lorsque le petit Pierre se réveilla, sa mère accourut comme triomphante le mettre dans mes bras. Il n'eut pas peur de moi, et je lui en sus bon gré. Au contraire, il s'amusait à tirer ma moustache qui le faisait beaucoup rire, et puis il passait ses petits doigts sur mes galons, comme s'il eût aussi voulu me faire compliment. « Allons, allons, lui dis-je, je vois que » nous serons une paire d'amis. Ce sera » moi qui t'apprendrai à lire, mon gar- » çon. — Et à faire l'exercice, ajouta mon » père. »

» Je passai une bonne nuit, dans un bon lit, et mon réveil fut bien doux sous le toit natal. Le lendemain, nous reçûmes la visite de toute la famille d'Eustache. Sa pauvre mère était presque folle de joie. « Monsieur Giberne, dit-elle, je vous pré- » sente mon fils le porte-drapeau. Bon jour » monsieur le caporal, je vous remercie de » m'avoir ramené sain et sauf mon fils le » porte-drapeau. Ah ! mon Dieu, mon » Dieu, quel beau jour que la soirée d'hier ! » J'ai cru que j'en perdrais la tête, mon- » sieur Giberne. Et vous, comme vous avez

» dû être content aussi! Ah! monsieur
» Giberne, j'ai bien de l'obligation à votre
» fils le caporal, car c'est lui sûrement qui
» aura empêché les boulets de tuer mon
» fils le porte-drapeau. Tenez, tenez, il faut
» que je vous embrasse, monsieur le ca-
» poral; ce n'est pas une grande faveur que
» je vous fais d'embrasser une vieille femme
» ridée et infirme; mais supposez que je
» suis votre mère, car je vous aime comme
» si vous étiez mon fils. » Je vous laisse à
penser si je l'embrassai de bon cœur. Mon
père tendit la main à Eustache. « Jeune
» homme, lui dit-il, vous êtes un brave,
» je vous offre toute mon estime, c'est
» celle d'un vieux militaire sans reproche. »
Eustache baisa respectueusement la main
de mon père. Il me présenta ensuite sa
sœur et son beau-frère ainsi qu'une jolie
petite nièce. Ce ménage paraissait bon et
heureux comme celui de mon frère et de
Marie. Tous passèrent la journée à la
ferme, et nous fîmes le plus gai des repas
entre deux familles qui, sans autres liens

que l'amitié et la fraternité d'armes entre deux de leurs enfans, semblaient n'en plus faire qu'une seule.

» Avant de nous séparer, la bonne maman nous dit : « Ah ! çà, messieurs les » militaires, vous voilà avec nous, et li-» cenciés, Dieu merci. J'espère que vous » en avez assez comme cela, et que vous » ne nous quitterez plus pour aller faire » la partie de boulet. — Soyez tranquille, » la maman, lui répondis-je; nous voilà » avec vous jusqu'à ce que le Roi rappelle » ses anciens serviteurs, et j'espère que c'est » pour long-temps, car je ne suis pas de » ceux qui désirent la guerre pour le plaisir » de se battre. La guerre fait tant de mal ! » Allez, croyez que malgré ma moustache » et ma balafre, je suis un sincère ami de » la paix. Nous resterons avec vous long-» temps, bonne maman, soyez tranquille, » et surtout soyez heureuse, car vous avez » un galant homme de fils. — Mon fils, le » porte-drapeau ? Oh ! oui, oui, galant » homme, bon fils ; oh ! cher enfant ! »

» La chute du jour les avertit qu'il fallait

retourner chez eux, et il me semble, mes chers amis, qu'elle vient nous donner le même avertissement; ainsi donc, restons-en là pour aujourd'hui. »

DIXIÈME JOURNÉE.

Modèle du soldat licencié ; Mort d'un père ; Générosité d'un militaire envers sa famille ; Un célibataire chef de famille ; Rencontre heureuse et inattendue.

La matinée se passa, comme la précédente, à promener Jean Bonbriquet et à lui tenir compagnie. Ainsi, je vous fais grâce, mes chers lecteurs, de détails qui ne vous offriraient rien de nouveau, et je reviens tout de suite, pour cette fois, à la narration de notre héros:

« Lorsque j'eus passé quelques jours dans » ma famille, et que je l'eus pleinement satis» faite en lui racontant tout ce que j'avais vu, » fait et éprouvé, je dis à mon frère : « Ah !
» ça, mon ami, il doit y avoir quelque chose
» à faire pour moi dans la ferme. Je ne suis
» pas accoutumé à l'oisiveté, et je ne reviens

» pas ici pour faire le fainéant. Voyons un
» peu, que je reprenne l'ancien métier. Tu
» verras que je ne l'ai pas oublié. Dis-moi
» seulement où il faut travailler, et je serai
» bientôt remis au fait. — Mais, mon cher
» Pierre, tu dois avoir besoin de repos. —
» De repos ! tu plaisantes. Je serais bientôt
» malade, si je restais à me croiser les bras,
» et à regarder les nuages. J'étais soldat; le
» roi n'a plus besoin de mes services, je suis
» cultivateur, entends-tu ? C'est encore ser-
» vir son roi et son pays que de labourer le
» champ paternel. J'attacherai le sabre que je
» tiens de mon père au manche de la char-
» rue, et je tracerai fièrement mon sillon.
» Malheur au soldat licencié auquel le tra-
» vail répugne ! Il ne peut devenir qu'un
» bandit, et après avoir échappé à une mort
» qui eût été glorieuse, il se prépare une fin
» peut-être ignominieuse. Dieu merci, cela
» est rare en France. L'industrie est chez
» nous la compagne et la sœur de la valeur.
» Le citoyen devient soldat quand il en est
» besoin, et le soldat sait aussi redevenir
» citoyen. C'est ce qu'a fait mon père, et

» ce que je m'honorerai de faire comme
» lui. — Touche-moi la main pour ce que
» tu viens de dire là, mon fils, s'écria mon
» père en se penchant hors de son fauteuil;
» c'est bien, c'est très-bien. Julien, con-
» duis ton frère; et toi, guerrier citoyen,
» bénis la paix, et va reprendre la char-
» rue. »

» Que j'éprouvai de jouissance à recommencer mes anciens travaux! Il y avait des
momens où il me semblait que je n'eusse
jamais quitté la maison paternelle, et que
ma campagne d'Amérique fût un rêve. C'é-
taient les mêmes occupations dans le jour,
les mêmes plaisirs à la veillée, les récits de
mon père, auxquels s'ajoutaient quelquefois
les miens. La maison était toujours la même, et j'avais retrouvé mon vieux pommier
à la porte. Cependant, quelque chose était
changé en moi, je veux parler de mon sentiment pour Marie. Depuis que je la voyais
la femme de mon frère, la mère de son enfant, elle me semblait être du même sang
que moi, et je ne pouvais plus sentir pour
elle que ce qu'on éprouve pour une vérita-

sœur tendrement aimée. J'adorais le petit Pierre qui se développait à vue d'œil, et devenait de plus en plus gentil. Cet enfant me montrait une tendresse extrême, et l'on aurait dit qu'il partageait la reconnaissance de ses parens pour moi.

» Le dimanche lorsque nous allions à la messe à la paroisse, j'étais entouré, questionné; on avait l'air de me regarder avec une grande considération. Quoique je n'aie pas plus de vanité qu'un autre, je dois avouer que je n'étais pas insensible à ces marques d'honneur, et qu'elles me flattaient beaucoup. Écoutez donc, vous devez comprendre cela : ma balafre ne me rendait pas le plus beau garçon du village; il fallait bien que quelque chose me dédommageât. Je crois malgré cela que, si je l'avais voulu, j'aurais encore fort bien trouvé à me marier, et que plus d'une jeune fille ne m'aurait pas dédaigné. Mais je n'en avais pas l'intention ; je pensais que si l'on avait de nouveau la guerre, cela m'empêcherait de reprendre du service ; et puis, à vous dire vrai, je ne voulais pas faire tort à mon cher petit

Pierre, et aux enfans que ses parens pourraient avoir encore.

» Nous nous étions arrangés pour nous voir, avec Eustache, au moins une fois par semaine. Il avait pris le même parti que moi, et il s'en trouvait bien. Sa famille se réunissait de temps en temps à la mienne, le dimanche, tantôt chez les uns, tantôt chez les autres; c'étaient des jours de bonheur, de cordialité, de franche et bonne amitié.

» Mon petit Pierre avait quatre ans lorsque je commençai à lui apprendre à lire. Le petit drôle m'amusait, vous n'imaginez pas combien, avec les questions et les remarques qu'il me faisait à tous propos, pendant que je le tenais entre mes jambes, et qu'il pensait à toute autre chose qu'à son livre. Malgré cela, j'étais fier de ses progrès, car il avait tant de facilité, qu'il en faisait, quoiqu'il fut bien étourdi. Pauvre enfant! Dieu sait ce qu'il est devenu aujourd'hui! Marie accoucha d'un second fils qui fut nommé François. Trois années se passèrent ainsi dans la plus douce union, et sans que rien troublât le bonheur de notre famille. Mais il n'y a pas de bonheur durable ici-bas; et la catastrophe inévitable que nous redoutions depuis longtemps arriva.

» A l'âge de quatre-vingt-huit ans, mon vertueux et digne père expira dans nos bras. Il s'éteignit sans souffrances, et nous aurions pu le croire endormi, si nos cœurs ne nous avaient pas avertis que nous n'avions plus de père. Dispensez-moi, mes amis, de vous retracer cette scène douloureuse. Il n'est rien dans la vie qui puisse réparer la perte d'un bon père; et vous voyez qu'à soixante-douze ans, je suis encore ému au souvenir du mien.... Pauvre Eustache! le voyez-vous baisser la tête en m'écoutant! Il pense à sa bonne vieille mère qui suivit mon père de près. Ah! il n'y a pas de fermeté qui tienne dans ces momens-là. La plus vigoureuse est ébranlée. On a beau être soldat; il faut que la sensibilité ait son compte. Julien et moi nous accompagnâmes les funérailles de mon père, auxquelles tout le village assista avec les marques les plus expressives de vénération et de regret. Brave militaire et bon citoyen, il était aimé et respecté de tout le monde. Cette partie de son héritage était bien précieuse à recueillir.

» Quand le moment vint de s'occuper des affaires, nous reconnûmes que mon père possédait, avec la petite maison que nous habitions, six arpens de terre. Il faisait en outre valoir celles d'un propriétaire voisin, dont il avait eu la prudence de renouveler le dernier bail au nom de Julien. Telle était la fortune à partager entre mon frère et moi. Sans lui rien dire j'allai chez le notaire le plus proche, où je fis dresser un acte dont j'emportai avec moi l'expédition, que je gardai quelques jours avant d'oser en parler. Enfin je me décidai, malgré tout l'embarras que j'éprouvais, à faire connaître mes intentions. Un soir, nous étions réunis autour du feu, gardant le silence et jetant par moments un regard sur le fauteuil de mon père, auquel nous avions toujours conservé sa même place. Je pris la parole. « Mes amis, dis-je, j'ai

» une proposition à vous faire, promettez-
» moi d'abord que vous l'accepterez. — Je
» ne pense pas que tu puisses nous pro-
» poser rien que notre devoir nous empê-
» che d'accepter. — Vous pouvez accepter
» sans crainte; cependant je demande tou-
» jours votre promesse. — Eh bien, nous
» nous fions à toi et nous promettons. — Mes
» amis, je suis militaire; je me suis consa-
» cré au service de mon Roi et de mon
» pays, et je marcherai aussitôt qu'ils
» m'appelleront. En conséquence, mon in-
» tention est de ne me marier jamais; mais
» comme je ne veux pas renoncer aux dou-
» ceurs de la paternité, j'adopte vos en-
» fans, et leur donne dès aujourd'hui, pour
» en jouir sous votre tutelle, toute la part
» qui me revient dans notre petit patri-
» moine. Je me réserve seulement un lit
» dans la maison, une place à votre table,
» et ma part de travail dans la ferme, pen-
» dant le temps que je ne serai pas à la
» guerre... — Mon frère, s'écrièrent Marie
» et Julien, il est impossible... — Douce-
» ment, vous avez promis. — Nous ne con-

» sentirons jamais.....— Quoi! vous ne vou-
» lez pas consentir à me donner un lit
» dans votre maison, et une place à votre
» table?...— Mon Dieu, que dites vous,
» mon frère? s'écria Marie. Mais pourquoi
» vous dépouiller?... — Vous voyez bien
» que je ne me dépouille pas. Au contraire
» je fais une excellente affaire, puisque je
» garde tout ce qui m'est nécessaire et que
» je me débarrasse de tous les soucis d'une
» administration de biens. Allons, allons,
» vous avez promis, vous tiendrez votre
» promesse; voici un acte où toute cette
» affaire est arrangée. Si vous voulez me
» faire grand plaisir, tâchez que je n'en
» entende plus parler, ou bien je fais la
» guerre dans la maison. Venez ici, mes
» petits enfans, ajoutai-je, venez ici, que
» votre oncle vous embrasse, et aimez le
» bien pour qu'il soit heureux. »

» C'était la première fois que ce mot *heu-reux* sortait de ma bouche depuis la perte que nous avions faite. Je regardai le fauteuil vide; il me sembla voir le visage vénérable de mon père qui me souriait, et il passa un frémissement dans tout mon corps. «Voyez-vous! m'écriai-je involontairement, » mon père m'approuve, ne lui désobéissez » pas. — Eh! bien, reprit Julien avec vi- » vacité; nous acceptons, mais c'est à une » condition : Sois donc notre père, puisque » tu agis comme si tu l'étais; sois notre » père et remplace celui que nous avons » eu le malheur de perdre. Que ce fau- » teuil qu'il occupait devienne à l'avenir ta » place. — Mes amis, que dites-vous? je ne » suis pas digne.... — Si, si, je le vois à » mon tour qui m'approuve; ne lui déso- » béis pas! » — Mon frère et Marie me prirent chacun par un bras, et me forcèrent à m'asseoir dans le fauteuil vénérable. Ils amenèrent leurs enfans à mes genoux; je me vis entouré comme un chef de famille. Figurez-vous l'état de mon âme, partagée entre les plus saintes et les plus tendres émotions!

» Depuis ce jour j'occupai chaque soir à la veillée la place de mon père. Les regrets amers causés par sa perte, se transformèrent peu à peu en un doux et pieux souvenir. Il devint enfin pour nous comme un esprit céleste, qu'il nous était défendu de voir, mais auquel nous rendions un culte respectueux. Cette douce et consolante habitude ramena la sérénité et le bonheur dans notre humble retraite, et notre famille offrait un tableau charmant à contempler.

» Cependant une circonstance vint nous causer de vives inquiétudes, et je dois vous en rendre compte à cause des suites qu'elle a eues. Les terres que nous faisions valoir en outre du petit héritage paternel furent mises en vente. Il était à craindre que le nouveau propriétaire ne continuât pas le bail à mon frère, et cela eût considérablement diminué l'aisance de la maison.

» Un matin, j'étais occupé à labourer une pièce de terre; mon sabre était suspendu à la charrue; j'avais mon bonnet de police sur la tête, et je dirigeais le soc tout en fredonnant, selon ma coutume, une chanson de soldat. Je vois de loin venir mon frère avec un monsieur qui avait l'air de visiter la propriété. A quelque distance derrière eux marchait Marie, avec une dame que je supposai être la femme du monsieur en question. A mesure qu'ils approchaient, je distinguai, à la boutonnière de ce dernier, un ruban rouge et un bleu de ciel. Je m'arrêtai et j'attendis qu'ils fussent près de moi. « Mon- » sieur, dit Julien, j'ai l'honneur de vous » présenter mon frère. Monsieur est venu, » ajouta-t-il, avec Madame son épouse, » visiter cette propriété qu'il est dans l'in- » tention d'acheter, et peut-être de faire » valoir lui-même. — Cette résolution, » dis-je en retirant mon bonnet de police, » n'a rien de surprenant de la part d'un » chevalier de Cincinnatus. — Vous con- » naissez cet ordre, monsieur ? me dit le » futur acquéreur; avez-vous été mili- » taire ? » — Je montrai mon sabre. « Vous » voyez, mon colonel. — Mon colonel ! » Comment savez-vous que je suis colo- » nel ? » — Le mot m'était échappé, parce que je l'avais reconnu. Je voulus essayer de réparer mon étourderie. « J'ai supposé, re- » pris-je, que vous pouviez l'être; j'ai dit

» *colonel* comme j'aurais dit *général*. Excu-
» sez-moi, monsieur. — Vous n'avez pas
» besoin d'excuse; mais dites-moi, je vous
» prie, où avez-vous fait la guerre? — En
» Amérique. — Et où avez-vous reçu cette
» blessure qui vous traverse le front? — En
» sauvant la vie à un officier français. —
» Ne l'avez-vous jamais revu depuis? Ne
» vous a-t-il point témoigné sa reconnais-
» sance? — Mon action fut récompensée
» plus qu'elle ne le méritait. — Vous ne
» me répondez pas : avez-vous jamais revu
» cet officier? — Mon colonel.... — Eh !
» malheureux, c'est toi! tu me reconnais,
» et tu ne viens pas dans mes bras! — Mon
» colonel.... mon colonel.... je n'aurais ja-
» mais eu l'indiscrétion de vous rappeler....
» — Je suis donc bien heureux de t'avoir
» reconnu! Et cependant il eût été possi-
» ble... l'état dans lequel j'étais, lorsque tu
» arrivas à mon secours, me laissait à peine
» la faculté de distinguer tes traits. Mais
» cette blessure au front, je ne pouvais en
» effet la méconnaître, puisque je lui dois
» la vie. Ma femme! ma femme! arrive

» donc: Voilà le brave militaire qui m'a
» sauvé la vie, celui dont je t'ai parlé tant
» de fois. Le voilà! je suis bien heureux de
» le retrouver. Dis, dis-moi vite, brave
» homme, puis-je faire quelque chose pour
» toi?... — Vous vous moquez, mon co-
» lonel. Estimez-moi assez pour croire....
» Je vous en prie, mon colonel, ne par-
» lons plus de cela. — Mon ami, dit la
» jeune dame, je veux aussi embrasser ton
» libérateur. — Madame, j'accepte volon-
» tiers cette récompense-là. — C'est dé-
» cidé, ajouta-t-elle, nous achèterons cette
» terre, et ces braves gens resteront nos
» fermiers. — Je n'hésite plus, répondit-il.
» — Mon colonel, il ne me reste qu'une
» chose à désirer, et celle-là je vous la de-
» mande sans façons. Si jamais l'honneur
» nous rappelle aux combats, je veux ser-
» vir sous vos ordres, moi et mon frère
» d'armes Eustache, dont je réponds corps
» pour corps. — Soit, mon camarade, je
» t'en donne ma parole. »

» Le colonel et sa femme nous firent
l'honneur d'accepter notre dîner. Je leur

fis admirer nos petits enfans. Petit-Pierre faisait déjà l'exercice assez adroitement; le colonel eut la complaisance de le lui commander; je vous laisse à penser si le marmot en fut glorieux. Il fallait entendre de quel ton il répondait, quand le colonel lui faisait une question : *Oui, mon colonel; non, mon colonel.*

» Peu de temps après, l'acquisition fut faite, et le nouveau propriétaire passa un bail de douze années à mon frère; ainsi il ne nous resta plus qu'à jouir de notre position. Il m'est doux, mes amis, de me rappeler ce bon temps. Laissez-moi me reposer aujourd'hui sur ces chers souvenirs; nous allons bientôt recommencer une autre carrière. »

ONZIÈME JOURNÉE.

Les portraits des maréchaux. — La France est en danger ; On quitte la charrue pour reprendre le sabre ; Les armées Françaises victorieuses ; Action généreuse ; Avancement.

Un brouillard épais et malsain fut un obstacle à la promenade du convalescent. Pierre Giberne, qui aimait à profiter de toutes ses journées, saisit cette occasion pour aller rendre une visite à MM. les maréchaux de France, dont les portraits sont réunis dans la chambre du conseil d'administration des Invalides. Je n'ai pas besoin de vous dire, ce que vous devinez très-bien, qu'il y fut accompagné par Eustache, qui le quittait en général le moins possible.

Tout ce qui se rattache à la gloire des armes françaises est cher au cœur des soldats français. Ils ne contemplent pas sans orgueil les traits des héros qui ont illustré notre nation dans les siècles précédens; ils n'entendent pas sans respect les noms des Duguesclin, des Bayard, et des Turenne; mais il est tout naturel qu'ils éprouvent une émotion particulière et une sorte de fierté personnelle devant les images des héros contemporains dont ils ont partagé les travaux, les périls et la gloire.

C'est une heureuse idée que celle qu'on a eue de placer dans la demeure des vieux soldats les portraits de nos maréchaux, aussitôt que l'immortalité commence pour eux. Pierre Giberne et Eustache se promenaient en silence dans cette glorieuse galerie. Ils se montraient l'un à l'autre les traits de ces héros qu'ils avaient vus dans les batailles, et dont la ressemblance leur paraissait frappante. S'ils s'adressaient de temps en temps la parole, c'était à voix basse et seulement pour se dire: «Heim! le reconnais-tu?—Il me semble qu'il va parler, et j'entends presque le commandement.—Eh bien, mon ami, tel que tu le vois, il était parti le sac sur le dos.—Quand on commence par-là, il faut être un fier homme pour devenir maréchal de France. — C'est vrai, mais voilà qui prouve que ce n'est pas une chose impossible. Combien de généraux ont débuté par déchirer la cartouche ! C'est pour cela que le roi disait, il y a quelque temps, que tous les soldats français avaient le bâton de maréchal au fond de leur giberne. »

Vous connaissez, lecteurs, tous les personnages illustres dont les portraits décorent la salle que parcouraient nos deux invalides ; aussi mon intention n'est-elle pas de vous faire ici leur histoire. Il faudrait d'ailleurs de bien gros livres pour cela, quoiqu'elle n'embrasse pas une période de plus de trente ans ; mais les événemens ont été si rapides pendant ce temps, et les exploits des armées françaises ont été si nombreux dans tant de lieux différens ! Il n'est aucun de vous, au reste, qui ne les ait au moins entendu raconter, qui ne soit fier d'hériter de la gloire française, et qui n'ait la volonté de la soutenir au prix de tout son sang. Laissons donc nos deux amis achever tranquillement leur intéressante visite, et puis rejoignons-les au moment où Pierre Giberne reprend le fil de sa narration dans les termes suivans :

« Quatre années s'étaient écoulées dans un calme parfait et dans la plus douce union. Nous jouissions d'un bonheur paisible. La vie agricole me plaisait beaucoup, et le tableau de ma famille était le spectacle le plus doux que je pusse contempler. Cependant une fermentation violente agitait la France, et était le présage des crises de la révolution. Mais dans notre modeste demeure, et dans nos simples occupations, cette agitation ne pouvait nous atteindre. Quant à moi, je pensais que, comme soldat, il ne m'appartenait pas de me mêler des affaires de l'état, autrement que pour aller me battre et le défendre, quand on m'en donnerait l'ordre. En attendant, je restais tranquille, je cultivais la terre, et je jouissais du plaisir d'être au sein de ma famille, avec autant de calme que si cela avait dû toujours durer.

» Tels étaient ma position et mes sentimens, lorsque je vis un jour entrer dans la ferme le colonel, notre propriétaire; il

était en grand uniforme. « Pierre Giberne,
» me dit-il, je viens accomplir ma pro-
» messe. L'ennemi menace nos frontières ;
» la France rappelle ses anciens soldats et
» invite même les citoyens à prendre les
» armes ; je viens te chercher. — Je vous
» suis, mon colonel, m'écriai-je, saisissant
» mon sabre ; et Eustache ne tardera pas
» à nous rejoindre. » Après avoir prononcé
ces mots, je me sentis entouré et pressé
par mon frère, par sa femme et par leurs
enfans, dont le plus jeune s'était accroché
à ma jambe. « Tu vas nous quitter ! —
» Vous allez partir ! — Mon oncle, je ne
» veux pas que tu t'en ailles... — Mes amis,
» mes amis, leur dis-je ; est-ce que vous
» n'avez pas entendu le colonel ? Est-ce que
» vous n'entendez pas la voix de l'honneur
» qui retentit et qui m'appelle ? La France
» est en danger, et Pierre Giberne ne vole-
» rait pas à sa défense ! Il resterait en repos,
» tandis que d'autres iraient verser leur
» sang pour protéger son pays, sa famille
» et ses foyers ! Ce sabre, honoré par mon
» père, demeurerait oisif lorsque l'ennemi

» menace nos frontières ! O mon père ! j'en-
» tends ta voix qui se joint à celle de l'hon-
» neur ; c'est aujourd'hui que tu me dirais :
» *Pars, soldat français, va rejoindre ton dra-*
» *peau !* Allons, Marie, mon uniforme, mes
» galons ! Mon colonel, je vous suis. — Ah !
» s'écria le colonel, l'ennemi n'oserait mettre
» le pied sur notre territoire, s'il savait par
» quels soldats il est défendu. Donne-toi
» le temps, caporal Giberne ; et envoie
» chercher ton frère d'armes ; je l'attendrai
» pour l'emmener avec nous. »

» Je me hâtai d'envoyer un homme de
la ferme chercher Eustache. Marie me
donna mon uniforme, qui, depuis la guerre,
n'était sorti qu'une fois par an de notre armoire, le jour de la Saint-Louis. Je le re-
vêtis, et lorsque Petit-Pierre me vit en
grande tenue, il s'écria : « Mon oncle,
» mon oncle, je veux aller me battre aussi.
» Mon colonel, voulez-vous me prendre
» dans votre régiment ? — Je le veux bien,
» mon ami, mais quand tu seras plus grand.
» — Oh ! mon Dieu, que c'est désagréable
» d'être petit quand la patrie est en danger.

» — Tu sais donc ce que c'est que la patrie?
» — Oui, mon colonel. — Et qui te l'a
» appris? — C'est mon oncle. — Allons,
» je te prédis que tu seras caporal comme
» lui. — Maman, maman, mon colonel
» dit que je deviendrai caporal; et c'est
» sûr, parce qu'il s'y connaît. » Et le petit
démon sautait en répétant : « Caporal! caporal! » La pauvre mère et son mari avaient le cœur serré par les apprêts de mon départ. « Tu veux donc nous quitter aussi?
» dit Marie à son fils. — C'est pour aller
» vous défendre, et puis je reviendrai en-
» suite, comme mon oncle. Est-ce que
» mon oncle ne reviendra pas? — Nous l'es-
» pérons; mais s'il est tué... — Tué! Oh!
» mon oncle ne se laissera pas tuer, il sait
» trop bien faire l'exercice. N'est-ce pas,
» mon oncle, que tu ne te laisseras pas
» tuer? — Je ferai mon possible pour cela, »
dis-je en souriant.

» Eustache arriva, revêtu comme moi de son uniforme. Il fut témoin dans ma famille d'une scène semblable à celle qui venait de se passer dans la sienne. J'embrassai tout mon monde; les petits enfans ne voulaient pas me lâcher. Il m'échappa malgré moi un soupir. « Allons, dis-je, mon » colonel, nous sommes à vos ordres. » Et je m'élançai hors de la maison. Au détour du chemin, je retournai la tête; on était encore sur la porte; je jetai un dernier regard sur mes amis et sur la maison paternelle; puis j'avançai de deux pas et tout disparut.

» Nous passâmes devant le cimetière de la paroisse. Il était fermé et je ne pouvais y entrer. Mais par-dessus la haie et sur une petite butte de terre, je distinguai la croix qui surmontait la tombe de mon père. Je m'arrêtai, me découvris, posai la main sur la poignée de mon sabre, et mis un genou en terre. « Mon père, dis-je, vous » voyez; bénissez de là-haut votre fils. » J'attendis un moment cette bénédiction; puis, je me relevai et je continuai de marcher. Nous arrivâmes à la poste où était la voiture du colonel. Il nous y fit monter, et les chevaux nous entraînèrent rapidement.

« Mon colonel, dis-je, je présume que
» vous ne faites pas voyager tout votre ré-
» giment en poste et dans une voiture
» comme celle-ci. — Non, mais cela ne
» l'empêche pas d'aller bon train quand on
» bat la charge. — Nous tâcherons de ne
» pas rester en arrière, mon colonel. — Je
» m'en rapporte à vous, braves gens. Or
» ça, Pierre Giberne, tu es caporal; et,
» puisque tu ne veux pas me permettre de
» faire quelque chose pour toi, tu resteras
» caporal, jusqu'à ce que tu me mettes dans
» le cas de te faire récompenser pour d'au-
» tres services que pour celui que tu m'as
» rendu. Quant à ton frère d'armes le gre-
» nadier, il était porte-drapeau. Tu m'as
» dit de quelle manière il avait obtenu cette
» récompense; je prétends la lui conserver,
» et en faire connaître le motif au régi-
» ment. — C'est trop de bonté, mon co-
» lonel; on tâchera de s'en rendre digne. »

» La manière dont nous arrivâmes au
corps n'inspira pas à nos camarades une faible considération pour nous. Je vous laisse
à penser l'idée que l'on conçut, lorsqu'on

apprit que nous étions descendus de voiture avec le colonel arrivant en poste. Je ne sais pas trop ce qu'on imagina; mais quand on vit, ce qui ne tarda pas, que nous étions de bons enfans et de bons camarades, nous reçûmes bientôt mille marques d'estime et d'amitié de la part de nos braves compagnons d'armes.

» Vous savez, messieurs, comment l'ennemi, qui avait eu l'imprudente audace d'entrer sur notre territoire, en fut repoussé à cette époque. Nous étions là Eustache et moi, et je ne pourrais vous dire que nous nous distinguâmes, car il n'y eut pas un Français qui n'égalât tous les autres en courage et en valeur. La victoire, dès le premier moment, se rangea sous nos étendards, et parut disposée à les accompagner long-temps. Bientôt le théâtre de la guerre fut transporté loin de nos frontières. L'histoire parlera de cet enthousiasme, de cet élan inspiré aux Français par le danger qui avait menacé leur pays.... Mes amis, si elle parle aussi de ce qui se passa dans l'intérieur, et des crimes de quelques hommes, elle aura soin de nous en absoudre. Elle dira : « L'armée resta pure et sans reproche. L'honneur et la vertu régnaient dans » ses rangs glorieux ; elle protégea le sol de » la patrie avec un désintéressement égal à » son intrépidité ; l'Europe entière lui rendit ce témoignage, l'honora, la respecta ; » et ses princes, dans leur retraite, applaudirent à ses nobles succès, et s'en glorifièrent aux yeux des étrangers. » C'est ainsi que parlera l'histoire, mes amis, et les armées françaises n'ont rien à redouter de son inflexible sévérité. Elle saura rendre également justice aux exploits, à la noble fidélité de ceux qui combattaient dans la Vendée sous les ordres des Lescure, des La Rochejaquelin et des Charette, et aux valeureux efforts de ceux qui repoussaient les étrangers du sol de la France. Combien d'actions généreuses, combien de traits héroïques n'aura-t-elle pas à raconter à la postérité! Dans quel temps, chez quel peuple les prodiges du courage et du dévouement furent-ils multipliés avec autant de rapidité? Moi-même, individu obscur et isolé, comment pourrais-je suffire à dire tous ceux dont je fus témoin? Toutes les nations de l'univers connaissent les exploits de nos armées, qui se sont montrées triomphantes dans toutes les capitales de l'Europe. Je n'ai pas assez d'éloquence pour entreprendre le récit de tant de grandes choses, et c'est tout bonnement l'histoire inconnue de votre serviteur Pierre Giberne, que je me suis engagé à vous raconter.

» De quelque ardeur que je me fusse senti animé lorsque j'avais combattu en Amérique, elle ne peut se comparer à celle que m'inspirait l'idée de protéger et de venger mon pays. Ce fut alors surtout que je trouvai la victoire enivrante. Cependant, lorsque je me vis en pays ennemi et parmi des vaincus, je me rappelai les conseils de mon père, et je me fis un devoir de donner à mes camarades l'exemple de la discipline et de la modération, dont il faisait autant de cas que de la valeur. Il m'avait dit souvent qu'il fallait respecter le courage et le malheur dans un ennemi vaincu. J'eus un jour l'occasion d'appliquer ce généreux précepte. Un officier prussien, désespéré de la défaite du corps d'armée dans lequel il commandait, s'était précipité l'épée à la main dans nos rangs, suivi de quelques soldats sous ses ordres, comme pour s'assurer une mort glorieuse. Tous ceux qui l'avaient accompagné étaient tombés; il restait seul, et, quoique affaibli au dernier point par la perte de son sang, il se défendait encore avec un noble courage. Vingt baïonnettes étaient tournées contre lui, et il allait tomber percé de coups, lorsque Eustache et moi nous nous jetons au-devant. Eustache le couvre de son drapeau, et moi je m'écrie : « Mes amis, respectez » ce brave officier. — Monsieur, ajoutai-je » en me tournant vers lui, je ne vous de» mande pas votre épée, vous la remettrez » à mon capitaine, et l'on va vous con» duire auprès du chirurgien-major qui » vous donnera tous les soins que votre » état réclame. — Français, me dit-il, ta » loyauté adoucit le regret amer que j'é» prouve d'avoir manqué de force pour » obtenir la mort, et de te devoir la vie. »

» Mon colonel fut informé de ce qui s'était passé. Trois jours après, il me fit appeler auprès de lui, ainsi qu'Eustache. «Vous avez donné l'un et l'autre un bon
» exemple, nous dit-il ; maintenant, Pierre
» Giberne, ta délicatesse sera à l'abri pour
» recevoir par moi une récompense. J'ai
» voulu t'annoncer moi-même que tu es
» nommé sergent de grenadiers, et que
» ton ami est caporal. — Mon colonel, ce
» qui nous rend le plus heureux dans tout
» cela, c'est votre bienveillance. — Pierre
» Giberne, souviens-toi.... — De vos bon-
» tés, toujours, mon colonel. — Allez,
» braves gens ; on est heureux de com-
» mander à des hommes sur lesquels on
» puisse compter comme je compte sur
» vous. — Notre sang est à vous, mon co-
» lonel. »

» Ram plan tam plan ; entendez-vous ? dit un des auditeurs : voilà la retraite. Ces coquins de tambours ne nous font plus entendre que cela. — Eh ! répondit Pierre Giberne, c'est pour nous avertir que nous sommes vieux, et qu'à notre âge il faut bientôt y songer tout de bon. En attendant, tâchons de passer encore une bonne nuit. »

DOUZIÈME JOURNÉE.

Reconnaissance touchante. — Une ferme sauvée du pillage; La bonne vieille et les deux grenadiers; Arrivée à l'armée d'Italie.

« Mon sergent, voudriez-vous avoir la complaisance de m'indiquer l'infirmerie? » dit un militaire accostant Pierre Giberne dans la première cour de l'hôtel des Invalides. — Avec plaisir, caporal l'Assurance, répondit en souriant Pierre Giberne; je vais vous y conduire. — Vous me connaissez? — Et je connais bien aussi celui que vous allez voir, le brave camarade Jean Bonbriquet. — Justement; mais... — C'est moi qui ai demandé la permission pour vous à votre capitaine; il m'a promis de vous envoyer ici, et moi, en vous voyant, je devine bien que vous êtes le caporal l'Assurance, au 2ᵉ. de la garde. — Ah! ça, mais, à mesure que vous me parlez, mon sergent, votre voix me fait un drôle d'effet. — Est-ce que vous allez me connaître aussi, à votre tour? — Eh! de par ma moustache, je ne me trompe pas; il n'y a pas deux blessures de la forme de la vôtre.... Mon oncle! mon oncle! vous êtes mon oncle, Pierre Giberne! — Petit-Pierre! est-il possible? c'est toi, mon enfant, mon cher enfant!.... » Le pauvre invalide étouffait de joie.... « Oh! quel bonheur, reprit-il, quel beau jour!... Eh, oui, c'est toi, parbleu! je reconnais bien tes yeux noirs; et, malgré ta moustache et tes favoris, je vois encore ta mine espiègle. — Mon brave et digne oncle, vous n'avez donc pas oublié Petit-Pierre? — Oublié, est-ce qu'on oublie ses enfans? est-ce que tu n'es pas le mien? Hier encore, je parlais de toi, mon ami; mais je n'espérais pas de jamais te revoir. Qui m'aurait dit que quelques heures après?... Mon pauvre enfant, je serais véritablement ton père que mon cœur ne serait pas plus ému en ce moment. — Ni le mien non plus, je vous assure. J'ai éprouvé bien des malheurs; je ne croyais pas que le bon Dieu me réservât la consolation de vous retrouver. — Pauvre enfant! tu auras bien des choses à me raconter, n'est-ce pas?... Ah! ça, mais, j'ai eu de tes nouvelles sans le savoir; j'ai appris que tu te conduisais comme un petit ange. — J'ai fait mon possible pour être digne de vous, mon oncle. — Oui, oui, ton capitaine dit du bien de toi, et cela me rend fier, vois-tu?..... Ce pauvre Bonbriquet! Dieu sait comme il va être content quand il saura que tu es mon neveu. — Savez-vous, mon oncle, que je lui ai de grandes obligations? C'est lui qui m'a fait faire mes premières armes, et qui m'a servi de guide aussitôt que je suis entré au régiment. Je me suis long-temps battu à côté de lui, et j'avais un bon exemple, je vous en réponds. Pauvre Jean! il a donc été bien malade? — Il a failli mourir; mais on est si bien soigné dans cette maison qu'il en est revenu, et qu'il a passé, je crois, un nouveau bail. — Bon, bon, tant mieux. Allons le voir ensemble, mon oncle, voulez-vous? car aujourd'hui je n'ai que peu de momens à passer avec vous; mais demain.... je vais dire à mon capitaine le bonheur qui m'arrive, et je ferai en sorte de ne pas vous quitter de la journée. Mon bon oncle!— Ce cher Petit-Pierre! — Voilà pourtant comme on se retrouve. — Il était temps, mon ami, je ne suis plus ni jeune, ni en bon état. — Bah, bah! mon oncle, vous êtes encore frais comme un jeune homme. Ah! mon Dieu, mais je ne faisais pas attention.... il vous manque un bras? — Cela ne me déforme donc pas beaucoup? — Non; et puis on en voit tant aujourd'hui. Je sais bien que ce n'est pas si commode que d'en avoir deux; mais cela ne sied pas mal à un vieux militaire. — Tiens, tiens, voilà Jean qui descend le grand escalier avec l'ami Eustache, tu sais, mon vieux frère d'armes. — Voyons, voyons, il ne me reconnaîtra pas. — Eh! te voilà, mon pauvre l'Assurance! s'écria Jean. — Ma foi, mon ami, un peu plus, et j'allais te préparer les logemens dans l'autre monde. Au reste, nos camarades te diront que je t'avais fait mon légataire universel. — Et, grâce à Dieu, je n'hériterai pas, mon brave ami. Embrassons-nous vivement. — Dis donc, Eustache, reprit Pierre Giberne, regarde un peu cette moustache, et raconte-moi si tu connais cet enfant-là. — Si je le connais?... — Oui. — Vraiment non. — Tu ne reconnais pas mon polisson de Petit-Pierre, mon cher enfant? — Petit-Pierre!... qui trottait, là.... qui faisait l'exercice avec le ballet.... — Oui, oui, lui-même. — Pas possible! — Eh! mon Dieu, oui, monsieur Eustache. — Écoute donc, Pierre Giberne, s'il a la barbe si noire, je ne suis plus étonné que nous ayons les cheveux blancs. — Chacun son tour, chacun son tour. — Caporal l'Assurance, vous savez que vous devez compter sur l'amitié d'Eustache. — Et lui sur mon respect, s'il veut bien permettre. — Ma foi, mes amis, voilà un beau jour, dit Pierre Giberne; mais, écoutez, il ne faut pas manquer à son devoir, et le plaisir ne doit jamais nous le faire oublier. Petit-Pierre n'a qu'un moment aujourd'hui, il faut qu'il retourne au quartier; demain il sera plus long-temps avec nous. Or, demain, voici ce que nous avons à faire. J'ai amassé, depuis quelque temps, un certain nombre de pièces de quarante sous qui attendaient une bonne occasion ; la voilà trouvée. Demain je vous invite tous les trois à déjeuner hors de la barrière ; vous en serez, l'ami Jean, et une goutte de bon vin ne fera pas de mal à votre convalescence ; cela redonne des forces. Petit-Pierre nous contera ses aventures, et nous passerons la matinée gaiement ensemble. Qu'en dites-vous ?... — Vous avez de l'argent dans vos épaulettes, mon oncle, il faut obéir. — C'est dit comme cela. A demain matin ; ici le rendez-vous. — On n'y manquera pas. »

Mon cher lecteur, êtes-vous jeune ou êtes-vous vieux ? Si vous êtes jeune, votre cœur s'attendrira à la pensée de la joie du bon Pierre Giberne. Si vous êtes vieux, si vous avez éprouvé des pertes, des traverses, des vicissitudes, comme il y en a tant dans la vie, vous comprendrez aussi, et probablement encore mieux, le bonheur de ce brave homme. Il croyait rester seul de sa famille, et il retrouve l'enfant de son frère et de cette Marie qu'il a tant aimée ; il le retrouve digne de toute sa tendresse, et d'hériter d'un nom dont il a raison d'être fier, malgré son obscurité. Bon Pierre Giberne ! cela me fait plaisir, d'avoir à raconter un événement si heureux pour toi. Il était impatient d'arriver au lendemain, et pour le coup, il n'aurait su que devenir toute la soirée, s'il n'avait eu à continuer son récit, qu'il reprit, comme vous allez l'entendre.

« L'un sergent et l'autre caporal, nous restâmes toujours, Eustache et moi, dans la même compagnie. Nous fîmes les premières campagnes du Nord, sans qu'il nous arrivât rien de particulier ; et, quoique nous nous soyons bien battus, nous eûmes le bonheur de n'être pas blessés. Je me rappelle cependant un événement qui me procura une des plus douces jouissances que j'aie éprouvées de ma vie. Il n'est jamais sorti de ma mémoire, et je pense bien qu'Eustache ne l'a pas oublié non plus. Nous venions de nous emparer d'un village, que l'ennemi nous avait disputé

long-temps, et nos soldats, pressés par la fatigue et par le besoin, s'y étaient répandus avec avidité. En passant devant la porte d'une ferme, je vois un homme à cheveux blancs, une femme, plusieurs jeunes filles épouvantées, et un petit garçon, poussant tous des cris pitoyables et pleurant à chaudes larmes. « Qu'est-ce ? demandai-
» je au vieillard ; que vous a-t-on fait ? —
» Oh ! me dit-il, Français, pon Français,
» pitié, pitié ! famille pien malheureux !
» piller, tout piller ! nous pientôt misère,
» plis rien di tout. Paufres enfans ! » Cet homme était déchirant, et ses malheureuses filles auraient touché le cœur d'un rocher. Le tableau de ma famille dans une semblable position me fit tressaillir. « On
» pille votre ferme, dites-vous ; Eustache !
» Eustache ! m'écriai-je ; ici ! » Eustache m'entend et accourt ; je le prie de rester à la porte avec quatre hommes ; j'entre dans la maison, et je vois une vingtaine de soldats fouillant avidement dans des armoires forcées et des coffres enfoncés. « Camara-
» des, m'écriai-je d'une voix de tonnerre,

» que faites-vous ici ? qui a permis le pil-
» lage ? La vue de cette famille désolée n'a
» donc pu vous attendrir ! N'avez-vous donc
» ni père, ni mère, ni frères, ni sœurs ?
» Savez-vous qu'il ne tient qu'à moi de vous
» faire punir d'une façon sévère ? C'est ici
» le logement du colonel, et le drapeau est
» à la porte. » Tous restèrent pétrifiés. « Al-
» lons, ajoutai-je, qu'on jette bien vite au
» milieu de la chambre tout ce qu'on a
» pris, ou je rends compte de cette con-
» duite, et aucun ne sera épargné. Est-ce
» ainsi qu'agissent des Français ? on vous
» prendrait pour des Tartares. Hâtons-
» nous, et qu'on évacue promptement
» cette maison. » Je les vis tous sortir devant moi, et je me retrouvai à la porte, où toute la famille se précipita à mes genoux et aux genoux d'Eustache. Non, je ne pourrais jamais vous dire la douce et pure joie dont mon âme était remplie. La plus brillante action d'éclat n'aurait pu me procurer un bonheur égal à celui d'avoir sauvé la maison de cette bonne famille allemande. « Français, pon Français ! disaient-

» ils ; tout à vous, toujours. » Je me dérobai à leur reconnaissance, et courus rendre compte à mon capitaine de ce que je venais de faire sans ordre, et peut-être un peu témérairement ; mais mon capitaine me connaissait et ne me désapprouva point. Il informa ensuite de cet événement le colonel, qui confirma notre conduite en venant prendre son logement dans la ferme où j'avais osé le désigner pour lui. « Excu-
» sez-moi, mon colonel, lui dis-je.... —
» Je te remercie, Pierre Giberne, de m'a-
» voir assuré un bon accueil. Je veux que
» tu restes aussi dans cette maison, pour
» apprendre combien il est doux d'inspirer
» de la reconnaissance à des cheveux blancs,
» et à la beauté faible et tremblante. » Mes amis, je n'ai jamais oublié ce jour-là.

» Ce fut peu de temps après que, dans un déplacement de troupes qui s'opéra, notre régiment fut du nombre de ceux qui passèrent en Italie. Pour nous rendre à cette nouvelle destination, il fallut traverser la France. Je fus témoin, pendant ce voyage, d'une bonne action qu'il faut que je vous raconte, parce qu'elle fait honneur au caractère des soldats français, qu'il ne faudrait pas juger d'après la conduite de quelques mauvaises têtes. Tous sont braves, mais il y a de mauvais sujets partout. Leur courage n'a jamais pu me faire estimer ceux-là, parce que je fais encore plus de cas d'un trait d'humanité et de générosité, que d'un acte de bravoure.

» Nous étions arrivés à Lyon et nous reçûmes nos billets de logement. Je fus logé, moi Pierre Giberne, sergent, avec deux grenadiers de la compagnie, et aussitôt que nous eûmes reçu notre billet, nous nous présentâmes au domicile qu'il indiquait. Une bonne vieille femme vint nous ouvrir la porte et parut fort effrayée de nous voir. « Rassurez-vous, la bonne mère, lui dis-je;
» nous ne sommes pas de méchantes gens,
» et nous vous dérangerons le moins pos-
» sible. Seulement, si vous pouvez nous don-
» ner quelque chose à manger, vous nous
» ferez plaisir, car nous sommes bien fa-
» tigués. — Eh ! mes braves amis, répon-
» dit-elle d'une voix cassée, je voudrais

» avoir les meilleures choses du monde à
» vous offrir, mais je n'ai rien que ce pe-
» tit pot-au-feu que vous voyez; encore
» est-ce bien heureux qu'il y soit, car je
» ne l'ai pas tous les jours. Il faut qu'on
» se soit trompé pour vous avoir envoyés
» trois, chez moi qui ne suis qu'une pau-
» vre femme. Je vous céderai bien mon lit,
» mais je n'ai que celui-là, et il n'est pas
» bien large pour trois, ni bien bon pour
» de braves militaires fatigués comme vous
» devez l'être. Mon Dieu, je n'ai que cette
» petite chambre ; si cela vous suffit, je
» resterai sur une chaise ; je ne suis pas
» assez jeune pour avoir peur en couchant
» dans la même chambre avec des mili-
» taires. — Vous seriez jeune et fraîche
» comme sainte Agathe, que vous n'auriez
» rien à craindre, la maman, lui dis-je.
» Je vois bien qu'il y a erreur dans le lo-
» gement qu'on nous a donné, mais nous
» avons besoin de nous reposer, et si vous
» voulez bien nous garder, nous nous conten-
» terons de ce que vous pourrez nous offrir.
» Tenez, voilà quelque argent pour avoir

» un peu de vin et ajouter un peu de pi-
» tance à ce pot-au-feu. Tâchez, bonne
» mère, de nous procurer cela bien vite;
» nous vous en serons obligés. — Que Jésus
» soit loué et la sainte Vierge, de m'avoir
» envoyé de si braves gens ! dit la bonne
» vieille. Je vais me dépêcher tant que je
» pourrai. » En effet, elle nous apporta assez promptement de quoi faire un repas
très-suffisant, qu'elle partagea avec nous.
Il y avait long-temps qu'elle n'avait vu de
vin; le peu qu'elle en but la rendit toute
gaillarde. Elle parlait, parlait, et ne ta-
rissait pas sur l'éloge des armées françaises.
Enfin, nous fûmes obligés de lui demander
la permission de nous coucher. Mes deux
grenadiers voulurent me donner le mate-
las, et se couchèrent sur la paillasse. La
bonne vieille, malgré nos instances de garder pour elle l'un des deux, ne voulut
pas d'autre lit qu'une chaise. « Je pour-
» rai dormir demain, disait-elle; et vous,
» vous serez obligés de marcher, pour aller
» où ?... Ah ! mon Dieu, peut-être vous
» faire tuer.... Ah ! que de chapelets je vais

» dire à votre intention! » Nous passâmes une fort bonne nuit. Mais voici la fin de l'aventure. Le lendemain, comme je disais adieu à notre vieille hôtesse, je vis mes deux grenadiers s'approcher de la cheminée, et glisser furtivement sur le coin de la tablette chacun un petit écu, en toussant et en se frottant la moustache. La vieille n'en vit rien; nous la quittâmes; et moi, en descendant l'escalier, je dis à mes grenadiers : « Vous êtes de braves gens ; touchez » là tous les deux ; ce que vous venez de » faire vaux mieux que d'employer son » argent en débauche, et cela vous portera bonheur. »

» Nous arrivâmes à l'armée d'Italie, où nous partageâmes les travaux et la gloire des Français qui combattaient sur ce champ de bataille jadis funeste à nos armes. Je me rappelais les revers du roi François Ier., les exploits et la mort du fameux chevalier Bayard. Je ne suis pas un chevalier, me disais-je, mais je suis Français comme Bayard, et je veux être comme lui *sans peur et sans reproche.*

» Vous savez, messieurs, que ce fut la bataille de Marengo qui décida du sort de l'Italie. Nous y étions et le brave Eustache doit s'en souvenir plus qu'un autre. C'est là que nous nous sommes perdus pour ne plus nous retrouver qu'aux Invalides; c'est là que je l'ai cru mort. Je vous conterai demain comment cela est arrivé.

TREIZIÈME JOURNÉE.

Déjeuner à la guinguette; Histoire de Petit-Pierre. — Marengo; Legs du drapeau; Regrets de l'amitié; Un colonel devient général; Nouvelle funeste; Piété et sensibilité; Souvenirs de gloire.

Pierre Giberne, impatient de voir arriver le moment du rendez-vous, se leva de bonne heure. A peine était-il habillé, qu'on le vit s'asseoir devant sa petite armoire, déranger ses effets les plus précieux, et retirer du fond d'une tablette un petit sac de peau. Ce sac était son trésor; il renfermait 38 francs en argent blanc. Après avoir compté plusieurs fois sa somme, il mit le sac dans la poche de son habit d'uniforme, et descendit le grand escalier avec une contenance aussi fière que celle d'un riche financier qui a des cent mille francs dans son portefeuille, et qui s'apprête à recevoir chez lui les plus grands personnages. Eustache et Jean Bonbriquet se rejoignirent bientôt sous la grande porte, et ils ne tardèrent pas à voir arriver Petit-Pierre qui accourait tout essoufflé. « Me voilà, dit ce dernier, et je suis à vous pour toute la matinée, mon bon oncle et mes respectables amis. — Eh! bien, il faut nous mettre en route. — Prenez mon bras, mon oncle, et monsieur Eustache donnera le sien à Bonbriquet qui n'est pas encore fort. »

Ce fut de cette manière qu'on s'achemina vers la barrière de Vaugirard, en suivant le boulevart des Invalides. « Ah! çà, Eustache, dit Pierre Giberne, toi qui es un amateur, tu dois connaître ce qu'il y a de mieux par ici, et tu vas être notre directeur des vivres. Voyons un peu? Quel est le meilleur traiteur de l'endroit? — Je ne les ai pas assez fréquentés, répondit Eustache, pour pouvoir vous répondre sans hésiter; mais à en juger par l'odeur de la cuisine, voici une petite maison où je soupçonne que nous ne serons pas mal. Sentez-vous ce parfum de rôti? — Allons, allons, entrons, nous nous en rapportons à toi, vieux gourmand. »

Nos quatre braves entrèrent et se mirent à table. Eustache fut chargé de commander le déjeuner, et se rendit à la cuisine, où il ne perdit pas cette occasion de goûter des différentes choses qui lui étaient proposées. Il avait presque déjeuné quand il revint; mais il n'en fut pas moins en état de tenir tête à ses convives. Après avoir mangé une bonne omelette au lard et un excellent morceau de veau rôti, on fit venir un fromage de Brie bien crémeux, et une bouteille de vin de Mâcon vieux. « Maintenant, dit Pierre Giberne, ne nous pressons pas, nous avons tout le temps. Or çà, Petit-Pierre, conte-nous un peu ce que tu es devenu depuis que je n'ai plus entendu parler de toi. — Volontiers, mon oncle, ce sera bientôt fait.

» Vous vous rappelez, continua Petit-Pierre, que vous étiez en Italie quand j'eus le malheur de perdre ma mère et mon père; mon pauvre frère François n'avait pas eu le temps de devenir un homme, et était mort depuis long-temps. Accablé de douleur, et me trouvant seul dans la maison paternelle, qui ne pouvait plus m'offrir que des regrets, je résolus de ne pas y rester. Vous savez que, tout petit, j'avais déjà du goût pour l'état militaire; je me décidai à l'embrasser. Je louai la petite maison dont j'étais resté possesseur. Je la louai seulement 300 fr, quoiqu'elle en valût bien le double, mais afin de pouvoir établir la condition qu'il y resterait toujours une chambre à ma disposition. Un régiment passa dans le pays; je me présentai pour y être admis; on voulut me payer le prix de l'engagement, je le refusai. « Je n'en ai pas besoin, dis-je ; » je ne veux pas me vendre; c'est volon- » tairement que je vais servir mon pays. » On trouva cela fort beau, et il n'y avait pas de quoi admirer. Jean Bonbriquet était dans ce régiment; je me sentis attiré vers lui, parce que je lui trouvais quelque chose de votre air. Il paraît que je lui plus aussi, et nous nous attachâmes bientôt l'un à l'autre. Il me donna de bons conseils, et quand il me parlait, il me semblait vous entendre. Je lui dois beaucoup, mon oncle; j'étais jeune, un peu étourdi, il m'a empêché de faire des sottises. Nous allâmes dans le nord; vous étiez dans le midi. Je vous écrivis, je ne reçus pas de réponse. Je pensai que vous aviez changé de régiment ou de place. Une autre pensée bien plus triste se présenta à moi; je la chassai comme on cherche à parer un coup mortel. Vous, mon oncle, mon second père, vous qui me restiez seul de toute ma famille!... Oh! je faisais bien de la chasser cette désolante pensée, puisque vous voilà, puisque je vous ai retrouvé. N'est-ce pas bien étonnant que nous deux, militaires, exposés à mille dangers, nous soyons restés seuls des nôtres? Oh! mon Dieu! la maladie n'épargne pas plus que le boulet. Je fus d'abord connu dans le régiment sous le nom de Petit-Pierre. Je me battis bien quand il en fut temps; je croyais ne faire que mon devoir; on appela cela des actions d'éclat, et on me donna le surnom de l'Assurance. Un jour, étant en tirailleur, je m'avance un peu trop, je suis assailli par deux hommes, je me défends de mon mieux, ils me désarment et me saisissent malgré tous mes efforts. « Capo- » ral, m'écriai-je, à moi ! à moi ! J'ai fait » deux prisonniers. — C'est bien, amène- » les. — Je ne peux pas, ils me tiennent. » Le caporal arrive avec quatre des nôtres, en riant comme un fou, et l'on s'empare des deux lurons qui avaient cru me faire prisonnier. L'un des deux était un officier qui portait des ordres, en sorte que sa prise n'était pas sans importance. Le hasard m'avait bien servi, et il en résulta que je fus fait caporal, tel que vous me voyez aujourd'hui. J'ai fait la guerre jusqu'en 1814. Je me suis rappelé que mon grand-père était à Fontenoy ; j'ai crié de bon cœur *vive le Roi !* On m'a mis dans la garde royale, j'y suis, je m'y trouve bien, je jouis de l'estime de mes chefs, et je chercherai à la mériter jusqu'à la fin. Voilà en peu de mots l'histoire de votre neveu, mon cher oncle. Il pourrait la faire plus longue, vous raconter quelques exploits ; mais, bah ! il y en a tant d'autres qui en ont fait plus, que ce n'est pas la peine de conter les miens. — C'est bien, mon neveu, dit Pierre Giberne; il ne faut pas d'ailleurs tout dire en un jour, mais je ne t'en tiens pas quitte pour cela, et je te ferai jaser. Ah! çà, dis-moi un peu; avec tes cent écus de rente tu dois être un richard au régiment. Que fais-tu de ton argent? — Ah! cela n'est pas embarrassant; il ne manque pas de camarades qui en ont besoin. Je me suis fait des amis, voyez-vous, et ce sont là de bonnes emplettes; et puis, il y a eu de mauvaises années; mes pauvres fermiers n'ont pas toujours bien payé, et vous pensez que je ne me suis pas amusé à les tourmenter. Mais au reste à présent, mon oncle, je serai moins que jamais embarrassé de ma petite fortune. — C'est bon, c'est bon, interrompit Pierre Giberne, voilà tout ce que je voulais savoir.... Or çà, mes amis, il reste quelque chose dans la bouteille, un banquet militaire ne peut se terminer autrement que par la santé du Roi, *vive le Roi!* Oui, mes amis, c'est là le cri français: c'était celui de nos pères depuis des siècles; ce sera celui de nos successeurs. Vive pour eux le duc de Bordeaux! »

Il n'y avait plus rien à faire ni à dire après cette conclusion. Nos militaires reprirent le chemin de l'hôtel des Invalides. Petit-Pierre, avant de quitter son oncle, lui dit : « Je reviendrai vous voir demain, j'ai une proposition à vous faire. — Non, répondit Pierre Giberne, c'est moi qui veux aller te rendre ta visite à ton quartier.— Ce sera comme il vous plaira, mon oncle, je vous dois obéissance. — C'est bien dit, mon enfant; adieu. »

Nos invalides ne firent pas honneur au dîner de l'hôtel. Mais Pierre Giberne n'oublia pas qu'on attendait la continuation de son récit; et ce jour-là Jean Bonbriquet l'accompagna au lieu de réunion de la société. On fut charmé de le voir rétabli. Plus on est vieux, plus on craint de voir disparaître ses amis, parce qu'on n'en fait plus guère de nouveaux. C'est une belle chose qu'une convalescence dans la vieillesse! Après les félicitations de chacun, Pierre Giberne parla ainsi :

« Dans la fameuse journée de Marengo, la victoire fut long-temps incertaine; et même nous aurions cru un moment que notre défaite était inévitable, si cette idée avait pu entrer dans la tête des Français. Le canon enlevait autour de nous nos camarades avec une effrayante rapidité. Tout à coup, du poste où je me trouvais, je vois le drapeau s'incliner, disparaître, et se relever soudain, mais peu au-dessus des baïonnettes. J'accours : mon ami Eustache venait d'avoir la jambe emportée. Il était tombé, et s'appuyant sur une main, il tenait encore son drapeau de l'autre, en m'appelant à grands cris. J'arrive : « Tiens,
» me dit-il, tiens, prends l'étendard, je
» l'ai gardé sain et sauf jusqu'au bout; je
» meurs, c'est à toi de le sauver; c'est mon
» honneur que je te confie; je meurs tran-
» quille.—Eustache ! Eustache ! m'écriai-je;
» mon ami ! ah ! c'est toi qui seras mort
» comme Bayard ! »—Je l'embrassai, je saisis l'étendard, et le relevai flottant au-dessus des armes.

» La position où nous étions, celle où

mon malheureux ami venait de me placer personnellement ne me permettaient pas de m'occuper de lui, et de lui donner les secours dont il aurait eu un si pressant besoin. Le devoir m'obligeait de laisser mon ami mourant sur le champ de bataille; le cœur navré de regrets, je fis ce nouveau sacrifice au devoir. Bientôt nous marchâmes en avant, et le pauvre Eustache resta loin derrière moi.

Enfin la victoire se décida, et la joie universelle qu'elle inspira fut d'autant plus vive, que le péril avait été plus grand et la chance plus douteuse. « Mon brave » ami, disais-je, mon cher Eustache, » puisses-tu du moins avoir respiré assez » long-temps pour entendre ces cris! Tu » seras mort content, si tu as pû voir les » Français victorieux. »

Aussitôt qu'il me fut possible, je revins parcourir le champ de bataille. L'habitude de voir ces tableaux de destruction et de ravage ne nous permet guère de songer à ce qu'ils ont d'affligeant pour un œil qui n'y est pas accoutumé, et qui les contemple avec réflexion. Ce jour-là cependant, la vue du champ de bataille me causa une profonde et bien triste impression. Je me rappelai le mot de Louis XV à la bataille de Fontenoy, que mon père m'avait raconté, et je me dis : « Oui, vraiment, » une victoire coûte bien cher ! » J'avais perdu mon ami ! Je le cherchai dans le lieu où je l'avais vu tomber, et je ne le retrouvai point. On emportait des morts et des blessés; je demandai, je désignai Eustache; personne ne put m'en donner des nouvelles. Je ne doutai plus qu'il n'eût expiré sur la place, et qu'on ne l'eût emporté avec les morts.... Pauvre Eustache! depuis ce jour jusqu'à celui où j'ai eu le bonheur de te retrouver aux Invalides, ton souvenir a été présent dans le cœur de ton ancien ami, de ton frère d'armes.

» Il vous a raconté, mes camarades, comment il fut enlevé par les chirurgiens, amputé, traité et guéri; comment, aussitôt après son rétablissement, il reçut sa nomination aux invalides, sans l'avoir demandée. Un invisible protecteur avait pris soin d'assurer son sort. Je suis bien sûr que je l'ai deviné. Je lui dois de la reconnaissance pour deux, et je n'ai jamais pu la lui exprimer.

» Mon colonel avait été fait général de brigade sur le champ de bataille. L'intérêt que je prenais à sa gloire et à son bonheur pouvait seul adoucir le regret que j'éprouvai de ne plus être sous son commandement. Je ne l'ai jamais revu depuis. Ce fut notre lieutenant-colonel qui le remplaça. Il me fit appeler et je n'eus pas de peine à voir que je lui avais été vivement recommandé. « Pierre Giberne, me dit-il, il est » juste que tu hérites de ton ami. Le dra- » peau t'est échu dans cette journée ; il ne » serait mieux dans les mains d'aucun » autre. Je t'annonce qu'il t'est désormais » confié. — Je ferai mon devoir, mon colo- » nel. »

» Je n'ai pas besoin de vous rappeler quelles furent les conséquences de la victoire de Marengo. Je restai en Italie dans l'armée d'occupation. Ce fut là que j'éprouvai le plus grand chagrin qui pût m'atteindre.

Je ne vous ai pas dit que mon frère et Marie avaient eu le malheur de perdre leur second enfant, pendant que je faisais la guerre dans le nord. Mon pauvre frère avait toujours été d'une santé assez faible et la vieillesse était arrivée pour lui bien avant le temps. Etant à Alexandrie, je reçus une lettre cachetée en noir, qui paraissait renfermer un petit paquet. Je l'ouvris en tremblant. Elle était de mon neveu Petit-Pierre, et contenait la plus douloureuse nouvelle. Mon frère avait succombé depuis deux mois à une longue maladie, et la pauvre Marie venait de le suivre. Les expressions de mon neveu étaient celles de la plus profonde douleur. « Je reste seul, isolé, orphelin, » ajoutait-il ; vous qui êtes mon second père, » vous êtes loin de moi. Je vais faire comme » vous, mon oncle, je vais servir mon pays ; » je pars, je ne tiens pas à la vie, mon uni- » que désir est de trouver promptement » une mort glorieuse au service de la Fran- » ce. » Je répondis à cette lettre et ne reçus plus aucune nouvelle de mon pauvre Petit-Pierre, jusqu'à hier que j'ai eu le bonheur de le retrouver, ce cher enfant. Le paquet que renfermait sa lettre consistait en trois mèches de cheveux de mon frère, de Marie et du petit François. Je les réunis en soupirant aux cheveux blancs de mon vénérable père, que j'avais toujours conservés; et ces reliques ne m'ont jamais quitté. Vous savez combien ma famille m'était chère; je n'ai pas besoin de vous dire quelle fut mon affliction après avoir reçu ces tristes nouvelles. Mon frère, ma chère Marie n'étaient plus. J'avais espéré de ne pas voir la fin de ce bonheur auquel j'avais eu quelque part. Je rêvais souvent la nuit que je me promenais dans notre petite maison déserte, tombant en ruines. Le grand pommier qui couvrit de son ombrage les jeux de mon enfance était mort aussi. Je voyais ses branches sèches et dépouillées. Comme tout passe! me disais-je; combien cette vie est peu de chose! Ah! il faut bien qu'il y en ait une autre après celle-ci. Comment pourrait-on ne pas y croire, ne pas l'espérer et l'attendre, quand on a perdu ses parents et ses amis? Dans cette disposition, j'élevais mon âme vers le ciel; je faisais une courte et simple prière chaque soir avant de m'endormir, et dans de nouveaux songes je me sentais transporté au séjour des bienheureux. Là, je retrouvais ma mère, que j'avais à peine connue, et qui n'avait cessé de prier pour moi, mon vertueux père et toute ma famille; je voyais le petit François qui était devenu un petit chérubin. Je les voyais, je leur parlais et je m'unissais à eux pour rendre grâces à Dieu et le glorifier. A mon réveil, quand tout disparaissait, je regrettais qu'un boulet ne m'eût pas réellement envoyé dans cet autre monde, où j'étais attendu par tous ceux que j'avais aimés.

» J'avais quelquefois négligé les devoirs de ma religion. Je m'y sentis, depuis ce moment, ramené par une conviction puissante, par un besoin impérieux, par un tendre sentiment. Je n'ai jamais cessé depuis de les remplir avec la plus grande exactitude, tant que je l'ai pu. Je dois l'avouer, j'y ai trouvé de grandes douceurs. Qu'y a-t-il de plus doux sur la terre que l'espérance? Et qu'est-ce donc que l'espérance de retrouver ceux qu'on a perdus, pour ne plus les quitter jamais, et pour partager avec eux un bonheur éternel!

» Le feu se rallumait dans le Nord; nous quittâmes l'Italie pour retourner sur le théâtre de nos premières victoires, et en remporter de nouvelles qui ont étonné l'Europe et le monde entier. Je ne suis probablement pas le seul ici qui ait fait ces brillantes campagnes, et je m'estime heureux d'en avoir partagé la gloire, avant le terme de ma carrière militaire qui est arrivé à la bataille d'Essling, grâce à un biscayen qui m'a caressé comme vous pouvez voir. Je vous conterai le reste demain, pour en finir. »

QUATORZIÈME JOURNÉE.

Visite à la caserne de Babylone ; Proposition rejetée ; Projet de pèlerinage. — Bras emporté ; Croix d'honneur ; Place de retraite ; Un protecteur mystérieux ; Vive le Roi ; Admission aux invalides ; Fin du récit de Pierre Giberne.

« Oh! oh! dit Pierre Giberne en se réveillant, nous avons une visite à faire aujourd'hui ; sus, levons-nous ; il faut que la tenue soit soignée. » On met du linge blanc ; on brosse pantalon et habit pendant une demi-heure ; on s'essouffle à frotter ses souliers, pour les faire reluire ; on coupe un morceau de ruban neuf, pour y suspendre la croix d'honneur ; enfin, je ne sais pas s'il y a beaucoup de femmes qui passent plus de temps à leur toilette que Pierre Giberne n'y en employa ce jour-là. De temps en temps, il s'impatientait contre le bras qui lui manquait. Il attache cependant avec une épingle la manche vide; et il n'attend plus pour partir qu'Eustache et Jean Bonbriquet qui ont voulu être de la partie. Ceux-ci arrivent, et l'on se met en route pour la caserne de Babylone. Petit-Pierre était sur la porte. « Bon jour, mon oncle; bon jour, mes vieux amis; vous êtes aimables d'être aussi venus me voir. » Le factionnaire fait résonner les capucines et la baguette de son fusil, en portant les armes à Pierre Giberne; on entre, on est dans la cour; on se promène; on cause. « Cette caserne ne vaut pas la vôtre, n'est-ce pas mon oncle? — Peste! d'après ce que je vois ici, dit Pierre Giberne, vous auriez mauvaise grâce à vous plaindre, car il me semble que vous êtes en tout beaucoup mieux traités que de mon temps. Comment donc? voilà des lits où un général pourrait coucher. Tout ceci est, ma foi, joliment tenu! — Oh! je n'ai pas envie de me plaindre, reprit l'Assurance, je dis seulement qu'aux Invalides... — Tu n'as pas soixante-douze ans et un bras de moins, mon neveu. Mais, rassure-toi, cela te viendra, peut-être, mon ami. — Bien obligé, mon oncle. Ah! çà, je vous ai dit que j'avais une proposition à vous faire; c'est-à-dire, que j'en ai deux. Premièrement, il faut que vous ayez la bonté d'accepter la moitié de mon petit revenu, attendu que cette moitié vous appartient réellement, et que lors même qu'elle ne vous appartiendrait pas, je ne serais pas heureux si vous ne consentiez point à partager avec moi. — Pauvre Petit-Pierre! c'est très-bien de ta part ce que tu viens de dire là. Mais, mon enfant, que veux-tu que je fasse de cet argent? le Roi prend soin des vieux soldats, et dans l'asyle qu'il m'a ouvert je n'ai besoin de rien. Ma petite paye me suffit pour le peu que je consomme. De temps en temps une petite goutte avec un ami; et puis le tabac, ah! pour cela, c'est une chose essentielle. Du reste, je n'ai point de souci, et je t'assure que je ne dépense pas même ce qui me revient. — Eh bien, mon oncle, vous avez un bon cœur, vous aimez à donner, et vous pourrez vous procirer ce plaisir. — Tu as raison, mais comme je sais que tu fais un bon emploi de ce que tu possèdes, cela revient au même. Écoute, moi, je suis fier de n'avoir pas d'autre richesse que ce que la France me donne, et le souvenir de l'avoir servie. Je ne veux rien autre, et si là-dessus je trouve encore le moyen de faire une bonne action, elle me cause plus de satisfaction. — Cependant, mon oncle... — Il n'y a pas de cependant, monsieur mon neveu; faites-moi le plaisir de ne pas insister pour que votre oncle vous cède. — Vous êtes bien exigeant, mon oncle. — A la bonne heure. Voyons un peu ta seconde proposition? — La voici; mais vous n'êtes pas en train de les accueillir. — Cela dépend, voyons? — Il est bon de vous dire d'abord que je suis en semestre à dater de demain. Je viens de recevoir ma petite rente, et je possède 150 francs; cela fait plus qu'il ne faut pour faire un petit voyage à deux. Si vous ne venez pas avec moi visiter le pays natal, je n'y retournerai jamais... — Attends, attends, mon ami, cette proposition-ci, c'est différent. Notre village! Notre petite maison! Notre vieille église! Le cimetière! Revoir tout cela avant de mourir! Oui, oui, mon enfant, nous irons au pays... Eh! mon Dieu, nous n'y retrouverons plus tous ceux que j'y ai laissés!!! Eh bien, j'irai visiter leur dernière demeure et celle de mon père et de ma mère, et je leur dirai : *Attendez, attendez-moi, je vais bientôt vous rejoindre pour ne plus vous quitter.* Allons, allons, mon ami, je te sais bien bon gré de l'idée que tu as eue là. Partons le plus promptement possible, car à mon âge il ne faut pas perdre de temps. — Nous pouvons partir après-demain. — Après-demain, soit. Ah! çà, mais, et ce bon Eustache, est-ce que nous ne pourrions pas l'emmener? — Vraiment, oui. — Bah! nous n'y pensons pas; et sa jambe de bois? — Cela ne fait rien. Je comptais que nous irions en voiture tous les deux. Vous irez avec lui; et moi, j'arriverai aussitôt que vous avec mes jambes. — Tu as raison. Eustache? — Qu'est-ce?... » On lui fait part du projet; vous pensez bien qu'il ne fallait pas le prier beaucoup pour le mettre du voyage. Le départ fut fixé au surlendemain, et l'on se quitta un peu plus promptement qu'on n'en avait eu l'intention, afin d'aller se mettre en mesure de faire une absence de quelques jours, et obtenir pour cela la permission de monsieur le gouverneur des Invalides.

Le reste de la matinée se passa en démarches pour cet objet, et le soir Pierre Giberne se réunit à sa société, pour achever son récit avant de prendre congé d'elle.

« Je vous répéterais toujours les mêmes choses, mes chers amis, si je m'amusais à vous raconter toutes nos victoires et nos différens voyages dans les capitales des états du Nord. Autant vaudrait prendre les journaux de ce temps, et vous en faire la lecture. D'ailleurs, il faut que je me hâte de terminer ma narration, car il est bon de vous dire qu'après-demain, je vais m'éloigner de vous pour quelque temps. Mon neveu Petit-Pierre veut m'emmener au pays ; je vais revoir encore une fois la maison paternelle, retrouver mes vieux souvenirs de famille. Je n'étais pas plus impatient à l'âge de dix ans, lorsque mon père m'avait promis une partie qui devait me procurer beaucoup de plaisir. J'ai bien couru le monde, mais je crois que voici mon dernier voyage; ensuite, mes camarades, Pierre Giberne viendra achever de vieillir et mourir au milieu de vous, sous cet honorable toit.

» Il me reste à vous dire comment s'est terminée ma carrière militaire, et comment j'ai eu l'honneur d'être admis aux Invalides.

» Je servais dans le corps d'armée commandé par le maréchal de Montébello. Je me trouvais à peu de distance de lui à la bataille d'Essling, où vous savez que ce grand capitaine perdit la vie. Au moment où il eut la cuisse emportée, je le vis tomber, et m'écriai, en me frappant le front : « Quel malheur ! pourquoi le boulet » n'est-il pas venu à moi ! » J'avais à peine achevé ces mots, qu'un biscayen brise le bâton de mon drapeau et me fracasse le bras droit. « Allons, dis-je, je vois qu'il

» y en a pour tout le monde. » Je ne donne pas au drapeau le temps de tomber, et, le saisissant de ma main gauche, je supplée de la longueur de mon bras à ce qui vient de lui être enlevé. « Honneur » à toi, Pierre Giberne! dit mon capitaine » qui a vu le mouvement; tu étais digne » de le porter : donne-moi l'étendard, et » va songer à ta blessure. — Mon capi- » taine, je ne vous le rends pas entier, » mais sans tache. » Je m'éloignai de la compagnie où j'étais devenu inutile, et j'allai montrer ma blessure au premier chirurgien que je rencontrai. « Sergent, il » faut vous couper le bras, me dit-il. — » Eh bien, monsieur, coupez. — Le plus tôt » sera le mieux, ajouta-t-il. — Coupez » tout de suite, je vais m'asseoir sur cette » pierre, ce sera plus commode. » — Lorsque mon bras fut par terre, je le regardai et dis : « Voilà déjà un fier morceau de » moins ; j'ai bien peur que le reste ne soit » plus bon à grand'chose. Enfin, c'est égal, » j'ai attrapé cela à mon poste. » On me conduisit à l'ambulance, où je reçus les autres soins qui m'étaient nécessaires. Je me rétablis facilement, parce que je n'avais jamais été libertin ni débauché, et que mon sang était pur. Mais je voyais autour de moi des camarades qui n'étaient pas aussi heureux, dont les plaies s'envenimaient, et qui finissaient quelquefois par mourir d'une blessure assez légère, parce qu'ils avaient prodigué leur santé et affaibli leur tempérament.

» Lorsque je fus guéri, on me remit un paquet venant de l'état-major-général. Je pensai que c'était mon congé; il y était en effet, mais accompagné de deux autres papiers. L'un était une autorisation provisoire de porter la décoration de la Légion-d'Honneur, en attendant le brevet qui me serait délivré; le second était ma nomination à la place de consigne au fort de B****. Je restai stupéfait à cette vue; je ne pouvais concevoir d'où me venaient tant d'honneurs et tant de biens à la fois. Au moment où ils m'arrivèrent, je réfléchissais à ce que j'allais devenir. Je n'étais plus bien jeune; il ne restait de ma famille que mon Petit-Pierre, dont je n'avais pas de nouvelles, quoiqu'il combattît en même temps que moi dans les armées françaises; j'ignorais en quelles mains était tombé l'héritage paternel auquel j'avais renoncé pour d'autres; enfin avec mon bras gauche tout seul, je ne voyais pas trop à quoi je pourrais être propre, n'ayant plus de champ à labourer.

» Je faisais toutes ces réflexions, lorsque je reçus à la fois la récompense de la bravoure et une honorable retraite. « Pa-
» trie! m'écriai-je, ai-je donc pu t'offenser
» un moment par mes craintes? Non;
» celui qui a versé son sang pour toi n'est
» pas abandonné; sa vieillesse n'est pas
» condamnée à l'oubli; elle est honorée et tu
» prends soin de son bonheur. Il suffit
» qu'on te signale celui de tes enfans qui a
» bien mérité de toi, pour que tu te hâtes de
» le récompenser.... Mais qui m'a signalé?
» pour obtenir tant de faveurs à la fois, qui
» a pu faire valoir mes anciens services, de
» manière à justifier de telles grâces?... »
Oh! je crois bien ne m'être pas trompé

dans la reconnaissance que j'ai sentie. Il y avait une personne à laquelle je devais songer avant toute autre, dans le besoin que je sentais d'adresser des actions de grâces à un protecteur; c'était mon ancien colonel. Mais où le trouver? Il ne se montrait pas, et en me comblant de bienfaits, sa main restait invisible. Aux papiers dont j'ai parlé était jointe cette croix d'honneur avec un ruban rouge. Je la plaçai sur ma poitrine, et mon cœur palpita. «Allons, dis-je, j'ai
» servi avec zèle et dévouement aussi long-
» temps que je l'ai pu; j'en obtiens le plus
» noble prix. Le signe de l'honneur est sur
» mon sein, j'ai un bras coupé, le front ci-
» catrisé... regardez-moi, mon père, êtes-
» vous content?... Adieu théâtre de la
» guerre; adieu, mes camarades, mes com-
» pagnons d'armes. Pierre Giberne regrette
» de ne plus partager vos travaux et vos
» périls, mais il se console en pensant qu'il
» emporte votre estime, et qu'il a payé sa
» dette de service à son pays. »

» Tels furent mes adieux à l'armée; je partis pour me rendre à mon nouveau poste, où je pris possession de ma place de consigne. C'est là que j'ai vécu tranquille, quoiqu'au sein d'un appareil militaire, jusqu'en 1814. A cette époque, que de fois mes yeux se sont tournés sur le reste du bras qui me manquait! L'étranger inondait notre territoire, et Pierre Giberne ne pouvait plus combattre pour le défendre! Mes vieux amis, vous avez senti cette douleur comme moi. Enfin parut ce Roi pacificateur, à la voix duquel l'Europe respectueuse se retira de nos frontières. Le cri de ma jeunesse guerrière, ce cri qui tant de fois avait erré depuis sur mes lèvres par la force d'une ancienne habitude, et de cet attachement que l'honneur inspire pour la race antique de nos princes, le cri de *vive le Roi!* s'échappa avec enthousiasme de mes lèvres. Ce cri, qui fut de tout temps une invocation dans les dangers, la France entière le répéta au milieu des désastres qui l'accablaient. Le Roi parut pour la sauver et la délivrer du fardeau de l'Europe. O souvenirs, dont l'orgueil national se console par l'amour et par la reconnaissance! Bénissons, vieux guerriers, les mains qui ont fermé les plaies de la France et qui offrent à nos derniers regards le tableau de la prospérité de notre patrie; et vous, nos successeurs, jeunes défenseurs de l'état, entourez le trône des fils de Saint-Louis, et montrez au monde, quand il en sera temps, que les Français savent toujours mourir pour leurs rois et pour leur pays.

» Lorsqu'il fallut évacuer le fort de B****, le commandant m'annonça que je continuerais de recevoir ma solde jusqu'à nouvel ordre. Cela me parut singulier, cependant je ne crus pas devoir faire d'observation à ce sujet. Je vécus ainsi trois ans, et j'eus la satisfaction de voir les Français reprendre possession du fort. Je rentrai alors dans ma place. Mais je devenais bien vieux et bien infirme, et j'aurais pu m'inquiéter de mon reste d'avenir, si je n'avais pas appris à compter sur la Providence. Enfin, il y a un mois que, sans l'avoir demandé, sans savoir d'où et par qui il m'arrivait, j'ai reçu mon ordre d'admission aux Invalides. C'est ainsi, mes amis, que je suis venu parmi vous; c'est ainsi que j'ai eu le bonheur de retrouver mon cher Eustache, mon cher Petit-Pierre; c'est ainsi qu'enfin, je n'ai plus rien à désirer, et que je vois ma vieillesse entourée d'amitié, d'honneur et de soins. O bienfaiteur qui te caches! ô patrie! ô Roi! recevez les actions de grâce de Pierre Giberne. »

Ainsi parla notre héros. Chacun alors se leva, l'entoura, lui prit la main, et Pierre Giberne, aux marques de respect et d'amitié dont il fut l'objet, aurait pu se croire un moment environné d'une nouvelle famille dont il eût été le chef.

QUINZIÈME ET DERNIÈRE JOURNÉE.

Visite des Princes aux Invalides; Protecteur mystérieux découvert; Honneur insigne accordé à Pierre Giberne; Récompense à la bravoure; Réunion d'adieux.

Le pauvre Jean Bonbriquet n'était pas enchanté des apprêts du départ. Cependant, comme la séparation ne devait pas être de bien longue durée, il se consolait en pensant au plaisir de ses amis. Petit-Pierre étant entré en semestre vint, dès le matin, se réunir à son oncle pour passer la journée avec lui. Comme un caporal et un invalide n'ont pas de gros paquets à faire pour voyager, ils eurent du temps de reste pour se promener et pour jaser. C'est ce à quoi ils s'occupaient, lorsque tout à coup ils voient chacun courir du côté de la porte. La garde présente les armes, les tambours battent aux champs. Une voiture à six chevaux et deux autres voitures sont arrêtées devant la grille. Deux personnes revêtues du cordon bleu sont descendues de la première. M. le gouverneur a été à leur rencontre; une suite d'officiers généraux et d'officiers d'état-major les accompagnent; ce sont les princes qui viennent visiter l'hôtel des Invalides. Des cris se font entendre de tous côtés; on se presse pour entourer les augustes personnages. Ils traversent, en leur souriant, la foule des vieux guerriers, et entrent dans l'hôtel. Le premier mouvement de joie que leur présence inspire ayant fait place à la réflexion, on se retire respectueusement à une petite distance. Les princes parcourent successivement la bibliothèque, la salle du conseil, les dortoirs, l'infirmerie, l'église, le dôme; puis ensuite, ne négligeant aucun détail, ils reviennent à la cuisine et dans les réfectoires. L'heure d'un repas venait de sonner, ils veulent y assister, ils veulent eux-mêmes goûter des mets apprêtés, et boire à la santé des vieux guerriers. Des transports unanimes éclatent alors à toutes les tables, et le respect même ne peut contenir ces manifestations bruyantes de joie, d'amour, de reconnaissance.

Pierre Giberne n'avait pas détourné les yeux du visage des princes, en sorte qu'il n'avait fait aucune attention aux personnes de la suite. Enfin ses regards se portèrent sur ce brillant état-major. Il remarque un vieux général qui le regardait lui-même avec une singulière attention. Il s'approche.... « O mon Dieu! dit-il à Eustache, c'est lui, n'est-ce pas que c'est lui? — Qui? — Notre ancien colonel. — Bah! il n'était pas si vieux que cela? — Vraiment! ni toi non plus, vieux farceur. C'est lui, j'en suis sûr. » Il s'avance sans hésiter. « Mon colonel, dit-il, mon général, c'est vous, n'est-ce pas que c'est vous? Le cœur de Pierre Giberne ne le trompe pas; c'est à lui de vous reconnaître aujourd'hui, lui dont vos bienfaits... — Ne parle pas de cela, Pierre Giberne, et embrasse ton vieil ami. — Mon général, j'accepte cet honneur. Il ne me manquait dans ma vieillesse que de pouvoir vous exprimer ma reconnaissance pour mon camarade Eustache et pour moi, car je n'ai jamais douté que tout le bien qui nous est arrivé ne vînt de vous.... — Eh! mon pauvre ami, à qui aurais-je donc pensé, si ce n'eût été à toi, et à ton frère d'armes? Mais ne me sache pas trop de gré, car ce que j'ai pu réclamer pour vous n'était pas difficile à obtenir, avec les titres que vous aviez à ces récompenses. — Mon général, vous direz ce que vous voudrez, vous n'affaiblirez pas notre reconnaissance. Je rends grâce à Dieu d'avoir pu vous la témoigner avant de mourir. — Ne t'étais-tu pas bien acquitté d'avance? — Je ne croirai jamais l'être, mon général. — Mon général, dit Petit-Pierre, vous ne reconnaissez pas le petit garçon auquel vous avez eu autrefois la complaisance de faire faire l'exercice? — Quoi! c'est là ton neveu, Pierre Giberne! — Oui, mon général, brave militaire dont son capitaine est fort content. Vous lui aviez prédit qu'il deviendrait caporal, cela lui a porté bonheur. — Tant mieux : comment se nomme son colonel?

— Le marquis de ***, deuxième de la garde.
— C'est bon. »

L'auguste frère du monarque, ce prince loyal et généreux, qui est monté depuis sur le trône aux acclamations du peuple, avait vu le général embrasser le vieux sergent invalide. Un aide-de-camp vint dire que le prince les invitait à s'approcher de lui. Ils se rendirent à cet ordre. « Général, dit le prince, vous connaissez de longue date, à ce que je vois, ce vieux militaire. — Oui, Monseigneur, et j'ai de bonnes raisons pour ne pas l'oublier et pour l'aimer de tout mon cœur. Il m'a sauvé la vie en Amérique, dans un moment où j'étais chargé d'ordres importans pour le général en chef. — Je suis charmé que vous le retrouviez dans cette maison, reprit le prince ; c'était ici sa place. » En disant cela, il tendit la main à Pierre Giberne ; celui-ci ne savait plus où il en était, et osait à peine toucher cette main, qui cependant pressa la sienne avec bienveillance. Il était tout tremblant.... « Mon prince, dit-il en rougissant, je vous supplie de croire que je ne tremblais pas ainsi devant l'ennemi. — Je le crois, dit avec bonté Son Altesse Royale ; c'était à l'ennemi de trembler devant des hommes tels que vous. Où avez-vous perdu ce bras, mon brave ? — A Essling, prince. — Vous avez de glorieux souvenirs. Souhaitez-vous quelque chose que je puisse faire pour vous ? — Oh ! non, Monseigneur, les bontés du roi ne m'ont rien laissé à désirer, et l'honneur que je reçois en ce moment comble des vœux que je n'aurais osé former.... Cependant..., — Cependant..., Achevez, brave homme. — Monseigneur, voilà mon vieux frère d'armes, dont les services valent mieux que les miens et qui n'est pas récompensé autant que moi. — Je comprends, reprit le prince. » Il détache sa croix d'honneur, et la donne à Eustache, qui reste interdit, stupéfait, immobile, et ne trouve pas d'autres mots à prononcer que « Monseigneur !... mon prince !... mon bon prince !... Ah ! que ne suis-je encore jeune et dispos !... — Vous remettrez l'état de vos services au général, dit le prince. — Adieu, braves gens ; il m'est doux de vous voir heureux et satisfaits. »

Je vous laisse à penser, mes chers lecteurs, de quelles acclamations fut accompagnée la retraite de nos princes ; que de bénédictions les suivirent ! Quelle impression ne doit pas, en effet, produire sur un peuple de guerriers mutilés par les combats cette douce bienveillance, cette affabilité touchante, qui accueillent avec tant de bonté, et récompensent avec tant de grâce ? « S'il s'y prend déjà comme cela, disait-on, il saura joliment se faire aimer quand il sera roi. » Des cris, où se distinguaient les noms du roi, des deux princes, et du jeune rejeton, l'espoir de la France, suivirent les illustres visiteurs jusqu'au-delà de l'enceinte des Invalides, et chacun prit sa part dans les saluts affectueux qu'ils adressèrent à la foule. Il y en eut pour long-temps à s'entretenir de cette visite. Les soldats français n'ont rien de plus cher que leurs princes : la reconnaissance et l'honneur les attachent à cet amour depuis des siècles ; et ce sentiment durera autant que la

France et que la race immortelle de ses rois.

Pierre Giberne, malgré sa modestie naturelle, ne laissa pas d'être tant soit peu enorgueilli de l'insigne distinction dont il venait d'être l'objet. Le prince avait daigné lui toucher la main, converser avec lui, et enfin avait accordé une grande faveur sur sa demande. Il y aurait eu de quoi faire perdre la cervelle à un autre qu'à Pierre Giberne. Lui se contenta de relever la tête un peu plus que de coutume, de marcher avec plus de dignité, et de mettre son chapeau avec une prétention inaccoutumée.

Lorsque tout fut rentré dans le calme, il dit à son neveu d'un air capable : « Mon ami, ne sois pas formalisé de ce que je n'ai rien demandé pour toi à Son Altesse Royale. Peut-être aurait-elle daigné accorder aussi une grâce à une personne de ma famille; mais je ne devais pas abuser des bontés dont elle a bien voulu m'honorer dans ce jour mémorable. D'ailleurs, tu es jeune, et c'est à toi d'attirer l'attention de tes chefs par ta conduite. Le brave Eustache est vieux, et il a acquis tous les titres qu'un soldat peut avoir à la récompense que le prince vient de lui accorder avec tant de bonté. Que je suis heureux, mon ami, d'en avoir été l'occasion! C'est encore à mon brave général que j'ai cette nouvelle obligation. Ah! mon brave général!... — Je partage votre joie et votre reconnaissance, mon oncle, répondit Petit-Pierre; et je suis moi-même plus content du bonheur de votre ami que de tous ce qui aurait pu m'arriver d'heureux à moi, l'Assurance. D'ailleurs, ne vous ai-je pas aujourd'hui assez d'obligation? J'ai vu le général prendre note de mon nom et de celui de mon colonel, et je suis sûr qu'il m'en arrivera bien quelque jour. — Je suis content de toi, Petit-Pierre, reprit Pierre Giberne, je suis content de toi. Allons, mes amis, allons, réjouissons-nous. Viens, Eustache, que je te donne l'accolade de chevalier. Je n'ai qu'une main; mais c'est assez pour t'attacher cette croix d'honneur, et je ne veux pas en laisser le plaisir à un autre. »

Le pauvre Eustache était si ému et si reconnaissant, qu'il ne savait comment exprimer à son ami tout ce qu'il sentait. En causant, comme on vient de le voir, l'heure de la réunion accoutumée arriva. On s'y rendit, quoique Pierre Giberne n'eût plus rien à raconter; mais il fallait bien, d'une part, prendre congé, et de l'autre, souhaiter bon voyage, bonne santé, beaucoup de plaisir et un prompt retour. C'est ce que l'on fit. Eustache reçut mille félicitations sur la grâce qu'il venait d'obtenir, et Pierre Giberne sur l'honneur insigne que le prince avait daigné lui faire. Il n'y a point de jalousie ni d'envie parmi ces bonnes gens, et chacun est disposé à se trouver honoré dans la personne d'un camarade. Bons invalides, je regrette d'arriver à la fin de cette quinzième journée, et d'être au moment de vous quitter en terminant cette histoire. J'ai eu du plaisir à me transporter parmi vous en l'écrivant, à contempler les touchans tableaux de vos réunions fraternelles, embellies par de glorieux souvenirs. Encore quelques mots pour faire connaître à mes lecteurs le résultat du voyage de nos trois pèlerins ; mais il faut que je vous dise adieu aujourd'hui, puisque demain, au point du jour, nous nous éloignons de votre noble demeure.

CONCLUSION.

Petit-Pierre ayant embarqué son oncle et Eustache dans la rotonde d'une diligence, se mit en route à pied, un bâton à la main et le sac sur le dos. Il vit passer la diligence devant lui, et la suivit sur la route d'Alençon. Nos vieux amis arrivés dans cette ville y attendirent le piéton, et furent fort étonnés de le voir entrer dans leur auberge quelques heures après eux. « Tu as marché bon pas, dit Pierre Giberne. — N'est-ce pas, mon oncle? — Tu dois n'en pouvoir plus. — Rassurez-vous, j'ai rencontré une patache, et ma foi, dans le désir d'arriver plus vite, j'en ai profité : elle m'a secoué pendant dix-huit lieues, et me voilà. — Tu as bien fait. Ah! çà, l'ami Eustache, nous avons encore cinq lieues à faire; te sens-tu le courage?... — Nous y mettrons le temps. — C'est bien dit. » On soupe, on se couche, on dort bien, on se lève, on part. Pauvre Pierre Giberne! que d'émotions dans ton cœur! Vous le figurez-vous? Le temps n'a point affaibli le souvenir du pays natal. L'invalide reconnaît jusqu'aux arbres de la route, jusqu'à la forme mobile des nuages, jusqu'au bruit du vent d'automne. « Mes amis, disait-il, cet air est bien le même que je respirais dans mon enfance; mais il me semble qu'il ne fait plus circuler mon sang aussi vite. Voyez-vous comme les feuilles tombent, comme les arbres se dépouillent? Ah! ils nous font aussi leurs adieux. Eustache, ne nous quittons pas aujourd'hui; viens avec nous, et tu iras ensuite à ton village. Oh! mes amis, mes amis, voyez-vous, voyez-vous le petit chemin? c'est là, c'est là, au bout du petit chemin; je m'y reconnais bien, quoique les jeunes plants de la haie soient devenus de grands arbres. Voilà la maison! voilà la maison! Ah! le vieux pommier y est encore!... Mes amis, mes amis! oh! tenez, aidez-moi à marcher, car je n'ai plus de forces. » Le pauvre homme était si touchant que moi, qui vous raconte cela, j'en suis tout ému en l'écrivant.

Enfin les voyageurs entrent dans la petite maison, où ils trouvent que tout avait un air de fête. On devine comme ils furent reçus. « Ah! soyez les bienvenus, disaient le fermier et sa femme; nous marions demain notre fille et vous serez de la noce. Quel bonheur, mes braves militaires, quel bonheur de vous voir! nous avons tant d'obligation à ce bon M. Petit-Pierre! Vous êtes son oncle, ainsi Dieu sait si nous vous aimerons. Mais vous devez être fatigués, asseyez-vous près du feu, tandis que je vais chercher de quoi vous restaurer. » En disant cela, la fermière approche un grand fauteuil qui était dans un coin de la chambre.... « Que vois-je? s'écrie Pierre Giberne; que vois-je? le fauteuil de mon père! — Et le vôtre, mon oncle, vous savez bien? — Oh! meuble respectable! je devais donc te retrouver encore! ô mon père, ô souvenirs! Mes amis, ne vous étonnez pas si je pleure. Quand un vieux soldat verse des larmes d'attendrissement, il ne faut pas les empêcher de couler, elles sont si douces!... Mes bons amis, comment avez-vous conservé ce vieux fauteuil? — Comment! dit le fermier; est-ce que nous ne savions pas à qui il avait servi? Est-ce que feu M. Giberne et son fils Pierre Giberne ne sont pas encore honorés dans le pays? Est-ce qu'on ne parle pas d'eux avec autant de respect que du patron de la paroisse? C'est une relique, voyez-vous, que ce fauteuil.... Et le grand pommier qui est à la porte; il est mort, mais nous aurions cru attirer quelque malheur sur nous, si nous l'avions coupé. Tout le monde sait que la famille Giberne y était attachée, et l'on a de la vénération pour tout ce que la famille Giberne aimait. Aujourd'hui, par exemple, nous sommes les plus heureuses gens du monde de vous voir, et nous ne doutons pas que votre arrivée portera bonheur au mariage de notre fille.... » Le pauvre Pierre Giberne écoutait et ne pouvait plus parler.

Je m'arrête, car il y a des positions qu'il est impossible de peindre. Il semblait que

Pierre Giberne se retrouvât au sein de sa famille. On lui présenta la jeune fiancée et son futur époux, qui lui demandèrent sa bénédiction, comme s'il eût été leur aïeul. Enfin on se mit à table et l'on dîna gaîment. Au dessert on fut fort étonné de voir entrer le notaire du village. « Soyez le bienvenu, monsieur; quel motif vous amène ? — Vous le savez sans doute, je viens pour faire le contrat de mariage ! — Le contrat de mariage ! Bon ! vous plaisantez. Nous ne sommes pas assez riches pour cela, et ce n'est pas la peine. — Je vous demande pardon, dit Petit-Pierre; c'est moi qui ai fait prier monsieur de passer ici. Monsieur, voulez-vous bien prendre la plume. » On ne savait ce que cela voulait dire. Le notaire se met en devoir d'écrire, et Petit-Pierre reprend : « Monsieur le notaire, laissez, s'il vous plaît, en blanc les autres clauses qu'on voudra ajouter et écrivez celle-ci : *A comparu Pierre Michel Giberne, dit Petit-Pierre, dit l'Assurance, caporal au deuxième de la garde royale, lequel déclare donner en toute propriété, par contrat de mariage, à la demoiselle Rose N...., la maison occupée aujourd'hui par ses parens, à la charge de les en laisser jouir leur vie durant; le tout sauf une rente viagère de 300 francs payable audit l'Assurance par les habitans de la maison.* — Comment! que dites-vous? interrompirent les bons fermiers stupéfaits. — Bravo! bravo! Petit-Pierre, s'écria Pierre Giberne. Voilà qui est bien, mon ami. Je suis on ne peut pas plus content de toi. » Les bonnes gens voulurent d'abord résister avec délicatesse; mais ils avaient à faire à des hommes qui ne cédaient pas facilement quand ils croyaient faire une bonne action. Le contrat fut dressé, et l'on passa une soirée charmante.

Pierre Giberne s'endormit sous le toit natal; ses songes le reportèrent au temps de son enfance; et, en se réveillant, il alla comme autrefois ouvrir la fenêtre et regarder les champs. Il serait resté là en contemplation, si l'on ne l'eût averti qu'il fallait se rendre à la messe du mariage.

C'est une jolie chose qu'une noce de village! Comme le bonheur y est vrai et le plaisir sans contrainte! Chacun se réjouit de bon cœur, et ne se gêne pas pour montrer sa joie. A travers son émotion, on voit que la mariée est contente, et le marié veut que tout le monde sache qu'il est heureux.

Vous concevez qu'en entrant dans le village nos invalides furent bientôt entourés, et que leur vue produisit une grande sensation. Chacun les saluait avec respect; le nom de Pierre Giberne circulait de bouche en bouche; on se montrait sa croix d'honneur. Il retrouvait d'anciennes connaissances, et ne suffisait pas à donner des poignées de main. Il recueillait en ce moment ce prix d'estime et de vénération qu'une conduite sage et honorable assure à la vieillesse. En mettant le pied dans l'église, il se sentit pénétré de souvenirs religieux, et adressa au ciel de ferventes actions de grâces. Quelques tristes pensées passèrent rapidement dans sa tête; mais ses regards se portant sur les jeunes époux : « Voilà des heureux, dit-il, auxquels je ne suis pas étranger; jouissons de leur bonheur. »

Le mariage fut célébré, et le reste du jour se passa en réjouissances. Le soir, la jeune épouse vint prier Pierre Giberne d'ouvrir la danse avec elle; il s'y prêta de bon cœur, et l'assemblée parut attendrie en voyant le vieillard, couvert de cicatrices, se laisser conduire complaisamment par la jeune et jolie villageoise. Ce fut ensuite le tour de Petit-Pierre, qui avait voulu céder le pas à son oncle. Enfin Eustache, malgré sa jambe de bois, voulut aussi figurer une contredanse avec la mariée, et il ne s'en acquitta pas trop mal.

Le soir, lorsque chacun se retira, Petit-Pierre s'approcha de son oncle, et lui dit : « Il faut que je vous remercie, mon oncle, car c'est à votre honorable exemple que je dois le bonheur inexprimable dont j'ai joui aujourd'hui. — Tu es un brave garçon, Petit-Pierre; je te dis que tu es un brave garçon ! »

Dès le jour suivant, Eustache voulut partir pour aller à son village, où il reçut un accueil que je n'ai pas besoin de vous dépeindre, après vous avoir rapporté celui qu'on avait fait à Pierre Giberne dans son pays natal. Le bon Eustache avait encore un parent auquel son arrivée inattendue causa une joie inexprimable, et qui le reçut avec toute la tendresse possible.

Pierre Giberne, aussitôt après le départ de son ami, songea à remplir un devoir qu'il regardait comme sacré. Il prie son neveu de l'accompagner et le conduit au cimetière. Le nombre des croix y était bien augmenté depuis lui. Il cherche celles de chacun des membres de sa famille; il craignait de les trouver détruites ou morcelées. Quel est son étonnement de les voir, non seulement en très-bon état, très-soignées, mais encore surmontées chacune d'une couronne de fleurs, et celle de son père d'une couronne d'immortelles et de laurier! On en avait pris soin, et sa famille presque éteinte vivait encore dans le cœur de ses concitoyens : doux hommages rendus à la vertu! Pierre Giberne se sentit pénétré de reconnaissance. Il parcourt toutes ces tombes, les salue respectueusement, laisse tomber une larme sur celle de sa mère et sur celle de Marie, puis vient se mettre à genoux devant celle de son père. Petit-Pierre l'imite et s'agenouille auprès des tombes voisines de Julien et de Marie. Tous deux restèrent dans cette attitude silencieuse pendant un quart d'heure. Pierre Giberne se relève enfin, et appelle son neveu : « Petit-Pierre, lui dit-il, brave soldat, sujet fidèle, bon citoyen, bon fils, bon ami, tu as honorablement parcouru ta carrière jusqu'à ce jour; tu l'achèveras de même. Prends ce sabre, que mon père m'avait donné et que je dépose sur sa tombe, c'est lui qui te le donne aujourd'hui. » Petit-Pierre ne répondit rien, étendit la main sur la tombe, comme pour prêter un serment, ramassa le sabre et le ceignit. Puis, tous deux sortirent de l'enceinte du cimetière, en gardant un religieux silence.

En rentrant à la maison ils y retrouvèrent le tableau de la joie et du bonheur, et en prirent leur part avec une douce sérénité. Deux semaines se passèrent ainsi. Pierre Giberne visita tous les environs, voulut revoir tout ce qui restait de ce qui l'avait intéressé autrefois. Enfin le retour d'Eustache annonça que le temps du séjour était expiré. Nos militaires prirent congé de leurs hôtes, dont les regrets auraient voulu les retenir et qui les comblèrent de bénédictions. Pierre Giberne dit une dernière fois adieu à son pays, et l'on partit pour retourner aux Invalides.

Vous allez, chers lecteurs, me demander si Pierre Giberne, si le bon Eustache, si le brave Jean Bonbriquet vivent encore dans ce noble asyle. C'est ce que je ne saurais vous dire; mais il ne tient qu'à vous de vous en informer.

Quant à Petit-Pierre, je conçois aussi que vous désirez savoir ce qu'il est devenu depuis l'année 1820; mais pour vous le raconter aujourd'hui, il faudrait commencer une nouvelle histoire. Il s'est passé, en effet, bien des événements depuis ce temps-là. De nouveaux lauriers ont été cueillis par les armées Françaises. Un Bourbon, un guerrier pacificateur, en marchant à leur tête, a traversé, dans une seule campagne, toutes ces provinces Espagnoles, où tant de bataillons français avaient été ensevelis dans les guerres précédentes. Il n'allait pas conquérir un pays, il allait lui rendre son Roi. Victorieux et béni partout, il a planté de sa main l'étendard français qui flotte encore sur les remparts de Cadix. L'armée a vu son panache blanc la guider, comme celui d'Henri IV, au chemin de l'honneur et des nobles périls. Elle a battu des mains, et elle a crié à son généralissime : *à la vie, à la mort !* Le Roi qui l'avait envoyé a eu le temps de le revoir triomphant, avant de descendre dans la tombe. Charles X est monté au trône. Charles X a été sacré à Reims. Partout où s'est montré ce Roi chevalier avec son glorieux fils à ses côtés, le peuple et l'armée ont fait éclater des transports d'enthousiasme et d'amour. Notre ami l'Assurance a été témoin de toutes ces choses. Il a vu notre Dauphin sous le feu du Trocadéro. Il a crié *vive le Roi !* à la première revue de Charles X ; il était enfin au camp de Reims avec une épaulette. Je n'ai pas besoin de dire qu'il l'avait bien gagnée; mais je le répète, pour vous raconter comment, il faudrait entamer une autre histoire. Je m'y engage volontiers, mes chers lecteurs, si je vois que celle-ci vous intéresse, et je me ferai un plaisir de satisfaire une aussi juste curiosité.

En attendant, salut à vous, braves soldats Français, pour qui j'ai recueilli les faits que je viens d'écrire. Il est plus d'un Pierre Giberne dans vos rangs glorieux. Puissiez-vous tous vous reconnaître aux honorables traits de mon héros! Défenseurs de la France et du trône, salut à vous! Je fais des vœux pour qu'en vous voyant, amis et ennemis soient forcés de s'écrier :

Le guerrier le plus sage est toujours le plus fort.

FIN.

TABLE
DES MATIÈRES.

                                            Pages.

PREMIÈRE JOURNÉE. — Introduction 1

DEUXIÈME JOURNÉE. — Installation aux Invalides. — Jeunesse de Pierre Giberne; Fontenoy; La milice; Dévouement fraternel 10

TROISIÈME JOURNÉE. — Les drapeaux; Turenne. — Conseils d'un vieux soldat à son fils; Départ. 25

QUATRIÈME JOURNÉE. — La cuisine des Invalides. — Le déserteur; La revue; Le drapeau; La théorie. 39

CINQUIÈME JOURNÉE. — L'infirmerie; Le testament d'un invalide. — La garnison; Le criminel; Le conseil de guerre; L'exécution; Bruits de guerre. 154

SIXIÈME JOURNÉE. — Souvenirs de famille. — Lettre paternelle; Route militaire; Incendic; Dévoûment courageux bien récompensé; Réunion et séparation; Embarquement; Combat naval. 70

SEPTIÈME JOURNÉE. — Les tableaux des victoires; Rencontre heureuse dans un réfectoire. — Conduite des Français en Amérique; Action d'éclat; Un grenadier porte-drapeau. . . . 85

HUITIÈME JOURNÉE. — Naissance du duc de Bordeaux; Allégresse générale aux Invalides. — Pierre Giberne se signale par une action aussi utile qu'éclatante; Il est fait caporal; Bataille; Victoire; Paix. 101

NEUVIÈME JOURNÉE. — Première promenade d'un convalescent. — Retour dans la patrie; Licenciement; Réunion de famille où il se trouve un petit personnage de plus; Visite; Amitié; Reconnaissance. 115

DIXIÈME JOURNÉE. — Modèle d'un soldat licencié; Mort d'un père; Générosité d'un militaire envers sa famille; Un célibataire chef de famille; Rencontre heureuse et inattendue. . . 133

ONZIÈME JOURNÉE. — Les portraits des maréchaux. — La France est en danger; On quitte la charrue pour reprendre le sabre; Les armées Françaises victorieuses; Action généreuse; Avancement. 148

DES MATIÈRES

Pages.

Douzième journée. — Reconnaissance touchante. — Une ferme sauvée du pillage ; La bonne vieille et les deux grenadiers ; Arrivée à l'armée d'Italie. 163

Treizième journée. — Déjeuner à la guinguette ; Histoire de Petit-Pierre. — Marengo ; Legs du drapeau ; Regrets de l'amitié ; Un colonel devient général ; Nouvelle funeste ; Piété et sensibilité ; Souvenirs de gloire. 178

Quatorzième journée. — Visite à la caserne de Babylone ; Proposition rejetée ; Projet de pèlerinage. — Bras emporté ; Croix d'honneur ; Place de retraite ; Un protecteur mystérieux ; Vive le Roi ! Admission aux Invalides ; Fin du récit de Pierre Giberne. . . . 194

Quinzième et dernière journée. — Visite des Princes aux Invalides ; Protecteur mystérieux découvert ; Honneur insigne accordé à Pierre Giberne ; Récompense à la bravoure ; Réunion d'adieux. 208

Conclusion. 219

FIN DE LA TABLE.

www.ingramcontent.com/pod-product-compliance
Lightning Source LLC
Chambersburg PA
CBHW071937160426
43198CB00011B/1440